小学館文庫

太田和彦の居酒屋歳時記

〈上〉

太田和彦

小学館

太田和彦の居酒屋歳時記〈上〉 目次

※各文末に記した閉店情報は二〇一六年九月時点のものです。

白割烹着

居酒屋おかみの白割烹着はいいものだ。清潔で、家庭的で、男を立てる風情があり、ほのかな色気もある。つまり男の求める女性像がすべてある。提灯袖に胸元のレースが女らしく、裾はフリルがつくと華やかだ。

昔の母はだれもが着て、町内寄り合いの台所や、炊き出しには白割烹着軍団となり、これが集まれば酒と飯にありつける大いなる頼りがいがあった。また女は真っ白な割烹着にプライドをもってかけつけた。外国にもこういう救世イメージの服はあるのだろうか。日本の男は女性に母性を求める傾向が強いというが、居酒屋おかみにもそうなのだろう。

私は長年、日本中の居酒屋を放浪し、ついに「日本三大白割烹着おかみ」を決定した。

北海道旭川の「独酌《どくしやく》三四郎」は創業昭和二十一年と古く、冬のニシン漬あたりで一杯やるとたまらない。すらりと涼しげな美人おかみの割烹着は、粋な着物にひざ下までの古風なもので戦前の日本映画女優のようだ。椅子に端座し、手をきちんと膝に重ねて話す姿はまことに絵になる。

仙台のこれも創業昭和二十五年と古い「源氏」は、石蔵のほの暗い店内にコの字カウンターだけのシンプルな店で、大学の先生などに愛されている。舟のような髪形の細面のおかみは琵琶の奏者でもあり、渋めの着物に白割烹着がまことに似合って教授好み（？）か。手が空くとやはり隅に姿勢を正して座り、白割烹着は行儀が良くないといけないとわかる。

さて三番目が難しかったが（ひとり悩みました）、大阪一派手な心斎橋筋に近いビルの「わのつぎ」の若おかみにしたい。タイプはずばり「理想の若妻」。お歳若く、しかし既婚の（実際は知りません）、つまり男を知った（シツレイ）恥じらいのある色気が匂い立ち、京都のご出身というのもうれしい。若々しい桃色の着物に、白割烹着はぴしっと糊がきき、純白にまぶしく光る。当然こちらは鼻の下が限りなく長くなる。ある日、今日はすこしお話しようかなと楽しみに行くと、先客の男が二人いて、間に入る格好になった。下心のある、それぞれ関係ないむさい中年男がカウンターに三人座る。

シーン……

重苦しい沈黙は、誰がおかみに話しかけるか、気の利いたことを言えるかのつばぜり合いだ。おかみは無口に支度に専念し、顔を上げてこちらを見ると、三人同時にさっと視線を送るのがいやだ。

「酒」。耐えきれず一人が徳利を持ち上げた。重苦しく粘り気のある声だ。

「こ、こっちも、さけ」

負けじと残った二人（私ともう一人）が同時に声を出し、またいやだ。

シーン……

ごくりと生つばを飲むような音がする。これは持久戦だ、最後に残ったものが勝ちだ。

——で、どうなった？

もちろん私は勝利した。なにしろ東京から新幹線で来たのだから負けるわけにはいかない。一人、また一人と敗軍の将の如く肩を落として出て行くのを勝ち誇った気持ちで見送り、おいらの世界到来。他に客も来ない。

「お酒もう一本ね！　あとナマコと出汁巻き。さっきまでナンか重苦しかったよねー」

「そうやわぁ、誰かしゃべってくれへんかと私もはらはらしよってん」

無口な人ではなかった。おいらはお名前も聞いてしまいましたとさ。

割烹着にはもちろん着物だが、麻布十番の昭和三十年代ムードの居酒屋「ラッキー酒場」は、黒のぴちぴちスキーパンツ、ふわふわモヘアのピンクのセーターにミニの白割烹着で、着物が松竹の戦前女優なら、こちらは戦後東宝映画の浜美枝や水野久美、団令子風セクシーで、これまたいける。

数日後ある居酒屋で飲んでいて、連れの女性に、白割烹着愛好会を作りたいと話したら「ヘンタイ!」とにらまれた。

にごり酒

春の居酒屋は新酒が楽しみだ。日本酒は秋に米を収穫して寒仕込みに入り、早ければ年明けに新酒「あらばしり」が出る。ワインのヌーヴォーと同じの絞りたて。まだ酒の旨みは出ていないが、ピチピチとはじけるような若さが魅力だ。

新酒は火入れしていない生酒がいい。瓶の中でまだ酵母が生きて醗酵を続けており、マスカットぶどうのようなしなやかな香りとフレッシュなアルコール感は白ワインと変わらない。秋のウィーン郊外のぶどう畑の居酒屋を「ホイリゲ」と言い、そこではできたて白ワインをがぶがぶ飲ませるのが新酒の行事。大きなピッチャーから厚いコップにこぼれんばかりに注いでわいわい飲むのは楽しかった。

布で絞らずに、もろみのままの白濁した生酒が「にごり酒」だ。一、二日瓶を立てておくと、もろみが下に沈殿し、上は透明な上澄みになる。沈殿を崩さないようにそっと傾け、上澄みだけをグラスに注いだ一杯の、どこか思わせぶりな気品はまさに処女のごとし（知らないけど）。一杯というのは、注ぐと沈殿が崩れるので澄みきった

のは一杯しかとれないからだ。このへんが処女勝負。やがて沈殿が崩れると米の香りがたいへん強くなる。

私はあまり好きではないが、女性はまず百パーセント、にごり酒を好む。酸味と米の甘みが荒々しく混ざったワイルドな迫力が女心をつかむのか。しかしこれは加水していない原酒が多く、アルコール度は十七〜十九度と高い（日本酒は普通十五度）。また冷たい酒は口当たりがよく、つい一口をがぶりと量を飲む。アルコールは体内に入って温度を上げると効力を発揮するので、しばらくしてどーんと酔いが回る。ほとんどの女性が途中で腰を抜かすのはこのためだ。女性の腰を抜かすにはにごり酒をすすめるとよい（コラ）。

絞った生酒は冷やで飲むのに適するが、お燗もやってみると独特の香ばしさが立っておいしい。それまで生きていたのを火入れしてしまえば元には戻れないから、処女のお手つきみたいな快感もある（何のこっちゃ）。また大技としてにごり酒のお燗がある。驚かれそうだが、ある蔵元で試し、類のないスケールの豊かな味にまさに陶然となった。温度はやはり人肌燗だ（これは案外ぬるい）。

しかし女性がにごり酒を好むのはそれだけではない。本来、女性は白濁したどろりとした液体が好きなのだ。ましてそれが人肌に温まると。

——と居酒屋で連れの女性に言ったら「ヘンタイ！」と叫ばれた。にごり酒がまわってきたらしい。

にごり原酒を荒目の布で絞った「うすにごり」は、フレッシュさと米の旨みの微妙なバランスがおいしく、銘柄によりにごり具合が違うのもおもしろい。おすすめは「美丈夫」微発泡うすにごりだ。

いま「活性にごり」が大人気だ。瓶の中で活発に醱酵が進んでガス圧が高まり、キャップをひねると猛烈に逆流してプシューと吹き出す。つまりシャンパンと同じスパークリング酒。飲む時はキャップの開け方が肝要で、振るのは厳禁。まずプッシュピンで空気穴を開けて初ガスを抜き、キャップに布をかけ、少し開いては閉じ、を繰返すと落ちついてくる。処女に対するにあわててはいけないのと同じだ（？）。

シャンパンはぶどうという果物の弱さ（エレガントでもあるが）を持つが、こちらは米の豊かさがある。瓶内醱酵活性にごりのすばらしさは、シャンパン以上と言い切ろう。おすすめは「神亀《しんかめ》」の活性にごり。荻窪の居酒屋「いちべえ」は活性にごりに力を入れ、店主自ら机に開け方の指導にまわり、女性グループに「わぁー」と嬌声をあげさせている。

思うにこれも女性に好まれる理由がある。白く濁った液体が、こらえきれずに噴出してくる様子に恍惚とならない女性はいない。

――と、さきほどの連れ女性に言ったら「超ヘンタイ！」と、酒をかけられた。

なめろう

居酒屋にあると必ず注文するのが〈なめろう〉だ。青魚のアジを葱・生姜・大葉などの薬味と味噌で叩く千葉の漁師料理。捕れた魚を舟の上で捌いてトントンと叩き、それで飯を食う。味噌を使うのは醤油は舟の上でこぼれるからだ。皿をなめるほどうまいのでなめろうと言う。これを焼いた〈さんが焼〉は千葉の代表的な家庭料理で学校給食にも出るそうだ。

なめろうとはうまいものとはじめて知ったのは、千葉御宿《おんじゅく》の漁師料理居酒屋「舟勝」だ。なめろうは魚が新鮮なほどうまいのは当たり前だが、ここのは隠しに青唐辛子を叩き込んで味をシャープにし、食べ進むと額にじんわりと汗が吹いてくる。一緒にいた男は感動のあまり「ぼくのなめろう人生がくずれた」とわけの解らないことを言った。盛夏は氷を浮かべた生酢に漬け〈酢なます〉にする。酢で外が白くなり、中はまだ赤身のままで爽快そのものだ。主人は、なめろうはアジに限らず、トビウオ、イサキはもっとおいしいと言う。ともに夏の魚だ。

東京では新橋の居酒屋「均一軒」が昔からなめろうで有名だ。店では〈鯵のたたき〉としているが、包丁二刀流でトコトントコトンと粘りが出るまで叩くなめろうだ。薬味は葱。隠しに山椒を振る。均一軒というすてきな店名は昭和二十六年の開店当時、三〇円均一が売りだったから。なめろうは人気で、二刀流の叩きは包丁も俎板も減りが速いと笑う。

新宿の居酒屋「鼎《かなえ》」のなめろうはウズラの玉子がのるユッケ風で、三枚おろしの大骨を帆掛けにした威勢のよい盛り付け。佃《つくだ》の居酒屋「江戸家」は秋になるとサンマのなめろうを出す。本来なめろうはサンマが本道という説もあり、脂ののったサンマは大葉がよく合い、さんが焼はサンマが一番と思う。

東京駅八重洲口の魚料理居酒屋「八重寿の魚人（とと）」でトビウオのなめろうに出会った。脂は少ないのにもっちりと旨みの濃いトビウオは私の大好きな魚だが、あまり居酒屋には出回らず残念と思っていたのでこれはうれしい。トビウオには茗荷がよく合い、ここのも茗荷・浅葱・大葉に味噌はほんの少しで、ちょっと醤油つけようかなあと思う程度の味つけがトビウオの清冽さをよく生かし、ちゃんと木の葉に型押ししているのもうれしい。トビウオは関東では八丈島が名産地。今が最盛期、しっかり食べよう。

横浜野毛《のげ》の居酒屋「たち花」ではコチのなめろうを食べた。コチは薄造りにする高級魚だ。味噌は関東の赤味噌ではなく白味噌で仕上がりも白い。薬味は、葱・生姜・新玉葱で繊細にまとめ、隠しに使った梅肉のかすかな酸味がまことに上品で春の白梅の香気があった。「漁師料理なんだから、青魚でなくてもいいだろうと思って」という横浜《ハマ》っ子の主人は、海外の大使館など世界を包丁一本で回ってきた実力料理人だ。

なめろう界（笑）にあって私がこれぞ〈キング・オブ・なめろう〉と思ったのは新潟長岡の居酒屋「魚仙」だ。魚は冬の帝王ブリ。生姜・浅葱の薬味に、ニンニク味噌で叩くのがミソで（笑）、ねっとりと横たわる赤身のなめろうはタルタルステーキにも似て、風格、コクともに十分。なみいる新潟名酒に一歩も引けを取らない堂々たる存在感だった。

友人と三人で酒を飲んでいて、はからずも皆なめろうファンとわかり、急きょ「全日本なめろう協議会」を立ち上げた。略称「全なめ協」。今後なめろうの地位確立と新なめろうの研究にはげむことになったが、それきり何も活動していない。

後日ある居酒屋で飲んでいて思い出し、連れの女性に「全なめ協に入らない？」と誘ったら、またしても「ヘンタイ！」と叫ばれた。

春は貝

春の酒の肴は貝がいい。女の子の節句、三月三日の雛祭は蛤の潮《うしお》汁がつきもの。二枚貝は同じ貝でないと殻が絶対に合わないことから女の貞節を表すのだそうだ。三月三日はおいらの誕生日。貝好きもむべなるか。雛祭の蛤は時期に合っていて、春から初夏は貝のおいしい時。いろんな貝が出まわる。

貝は「貝級（階級）制度」がはっきりしている。大きく立派な姿形、品よくきれいな味の鮑は、伊勢神宮に奉納する熨斗《のし》鮑が祝儀袋の印にもなったほどの雲上の宮人。値段も最高級で庶民の口にはなかなか入らない。

少し小ぶりの常節《とこぶし》は殿様か。通は鮑より常節と言う人もいるが、やや負け惜しみ感もある。その点、老獪な平貝は家老というべきで、軽いえぐ味は老人の懐深い実力だ。

大奥筆頭はお局《つぼね》の赤貝。妖艶な色気で殿君を腰抜けにさせるが、じつは殿は腰元・蛤の成熟した色っぽい腰つきに目をつけている。新入りお女中・青柳はなにかと頬を染めるのが初々しく、お手付きはいずれ。

道場には師範の荒法師・栄螺《さざえ》兵衛が若侍シッタカやチャンバラ貝を鍛え、直情径行《けいこう》な武骨者は壷焼にするとグラグラと煮えたぎる。地方に強い勘定奉行・北寄貝は廻船《かいせん》問屋・帆立貝と怪しく、黒頭巾の忍者・鳥貝を密偵に仕立て探索中だ。

忘れてならないのが松島や広島など地方藩を守る牡蠣だが、最近は養殖で人材養成に成功しているようだ。片や南、佐賀藩の知将・マテ貝は、バカな中央役人の無用な有明海干拓で絶滅寸前が痛い。

しかしそんな身分制のない町場は、毎朝「あっさり〜、死んじめ〜」と天秤売りだ。江戸前浅蜊は葱ぬたよし、味噌仕立て深川丼よし。庶民のシジミは、なりは小粒なれど熱い味噌汁は最高で、二日酔にも効ありのありがたい貝。雲上人もこの味は知らぬか。

新宿の、その名も「はまぐり」は貝専門の居酒屋で、箸置きは栄螺の蓋、楊枝入れは姫栄螺の殻。仕入れによるが時期の貝はほとんど揃い、有明海の揚巻貝の軽〜い焙りはすばらしく、昆布に乗せて焼く昆布焼も牡蠣だけでなく蛤、北寄貝などもある。

今が時季の蛤は、国産が年々高級化して値も張るが、恵比寿の居酒屋「和《なごみ》」が鹿島産のいいものを出す。焼蛤はおつゆが命。上手にすすろう。湯上がり熟女のような(知ってんのか？)もわんとした乳臭い色気は、春の宵のもやもやした気分をかきたて、新酒のぬる燗がたまらなくうまく、好きな女に電話したくなる(いないけど)。

鮑は千住《せんじゅ》大橋の「田中屋」へ。近くの足立《あだち》市場の仲買人も飲みに来るため、半端な品は出せなく、この良品をよくこの値段で出すなと意地を見せ、おかげで最上等の水貝ブツ切りをたっぷり堪能できる。これから旬の鳥貝は月島の「味泉《あじせん》」がいいものを入れる。常磐あたりの大玉を注文を受けてから開け、爽やかな鳥貝の香りに夏到来を知る。

中野の魚料理「らんまん」で今年も赤貝を注文した。ここの赤貝は最高だ。届いた盛りつけは、今剥いた大きな殻を縦に開いて置く。殻の外側は筋目にそってびっしりと黒い毛が生え、内側はつるりと真っ白。その間にてらてらと水気をたたえた真っ赤な貝肉を二個ぶんおさめ、ぬらりとしたヒモが太股のように官能的にからみつき、凄艶な光景だ。ぱっくりと開いた剛毛の殻をかきわけた中の赤い貝肉は、妖しく濡れて光り、誘い込むようで、思わずごくりと生つばを飲み込み、指でそっと触れると、連れの女が「何してるの！」とけわしい声を発した。

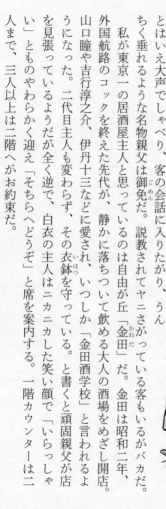

居酒屋主人

居酒屋は主人の顔を見に行く楽しみもある。軽口かわす世間話がいい。「久しぶりじゃない」「うん、ちょいとごぶさた」お決まりの挨拶でカウンターへ。常連顔をするのは野暮《やぼ》だが、目でうなずきあえるのはよいものだ。とはいえ大声でしゃべり、客の会話に入りたがり、うんちく垂れるような名物親父は御免《ごめん》だ。説教されてヤニさがっている客もいるがバカだ。

私が東京一の居酒屋主人と思っているのは自由が丘「金田《かねだ》」だ。金田は昭和二年、外国航路のコックを終えた先代が、静かに落ちついて飲める大人の酒場をめざし開店。山口瞳や吉行淳之介、伊丹十三などに愛され、いつしか「金田酒学校」と言われるようになった。二代目主人も変わらず、その衣鉢《いはつ》を守っている。と書くと頑固親父が店を見張っているようだが全く逆で、白衣の主人はニカニカした笑い顔で「いらっしゃい」とものやわらかく迎え「そちらへどうぞ」と席を案内する。一階カウンターは二人まで、三人以上は二階へがお約束だ。

ややおいて「ご注文は何に致しましょう」と声をかけ、「○○、お待たせしました」と手渡し、置いた伝票に書きこむ。手が空くとなじみ客に「お久しぶりです」と声をかけるが、決して一人に集中することなく、その気配りの公平感が安心できる空気を作り出す。「店内が常に平和で楽しいよう気を遣い、客がしようとしていることを早めに察知して、手当てする」。当たり前のことが当たり前に続いて、この店の客の「酒品」「店品」を作っている。

湯島の「シンスケ」は大正十四年の開店。山の手の「金田」に対し、こちらは江戸文化に根ざす古き東京。江戸っ子の粋、洒脱《しゃだつ》だ。三代目主人は細身のパッチに突っかけ草履、粋な縞柄半纏《しまがらはんてん》、頭は極細巻き手拭いの拵《こしら》えでお燗番《かんばん》を務め「ほ〜い」というのんびりした返事が、春風駘蕩《しゅんぷうたいとう》とした雰囲気を作り出す。

どちらも居酒屋主人は店の空気を作り出すのが仕事であり、主人がそうしていられるよう、裏で奥様ががっちり支えているのも共通している。

四谷荒木町「ととや」の主人トミさんもいい。農家の働き者長男坊よろしき丸刈りもだいぶ白くなったが、店に入るやいなや「太田さん、いらっしゃい！」と飛ぶ声がうれしい。でも先日は「わるい！　今日予約で一杯」と箸を持った手を胸に合わせ、まっすぐ見つめられると、仕方ねえなあと苦笑いだ。幼くして就職上京した苦労人の素朴誠実に、居酒屋主人はつくづく人柄だなあと思う。女性の信頼も抜群で、カウンターは妙齢女性一人客もたいへん多く、おいらはトミさんよりもそっちに目が行く。

「トミさん、モテてるんだよ！」

「ダメダメ、オレそういうのダメ」箸を持つ手をまた激しく振るのに笑う。

ある日、なじみの居酒屋で連れの女性に「居酒屋主人の理想は誰？」とたずねると

「そうねえ」と上を見あげて、しばし。

「わかった！『居酒屋兆治《ちようじ》』の高倉健」

——健さんかあ。おいらは黙って違うなあと思った。映画も見たが似合ってなかった。あんな寡黙ないい男が目の前にいたんじゃ、気詰まりで飲めない。

「酒ね」

「わかりました」（きっぱり）

シーン……

これじゃ面白くない。居酒屋主人は、苦労人の人情家が一番だ。

「東野英治郎、花沢徳衞、左卜全、藤原釜足……」

「なによ、お爺ちゃんばっかりじゃない！」

そうなんだよな。居酒屋主人顔も少なくなったなあ。

季節の酒器

日本酒は春夏秋冬、四季のうつろいに合わせ、冷や・常温・燗と飲み方を変える。同じ酒をこれほど変えて味わう民族はなく、日本人の繊細な感性と、季節により豊かに変わる海山の幸がそうさせるのだろう。フランス人なんか一年中ワイン常温ばっかだもんね。

酒器も当然変える。冬から春の燗酒はもちろん徳利と盃だ。徳利は温めた酒を冷まさないための容器で、そのために口も細くしてある。昔は燗鍋を火に直接かけて温めていたが、湯に浸ける燗徳利が発明され、それをそのまま膳にのせるようになり定着した。盃は世界で最も小さな酒グラスと思うが、これも温まった酒を冷まさずに一口ずつ飲むためだ。したがって、盃で冷や酒を飲むのは間抜けである。

昔の徳利は口の細い背高筒型の二合徳利だ。映画『用心棒』の東野英治郎の居酒屋親爺（絶品）の店のはこれで、黒澤明監督は自身愛用の古徳利を使ったそうだ。浪人三船敏郎がこの徳利でちびちびやる。

これとほぼ同じ徳利を使うのが安政二年創業の根岸の「鍵屋《かぎや》」だ。年代物の銅製の古い燗つけ器を使う主人の燗さばきは見事だ。

私が日本一の徳利と思っているのは創業百年になる名古屋の「大甚本店《だいじん》」だ。明治四十年以来の徳利は寸胴で口の細い古典型。鍵屋の少し撫で肩の、ワインでいえばブルゴーニュ形に対し、大甚のはいかり肩のボルドー形。太くどっしりした姿は古代的な神聖感があり、藍の印判模様が明治を伝える。およそ一合八勺入るこの徳利で飲む樽酒の燗は、比類なくうまい。

徳利と盃が楽しみなのは博多の「さきと」だ。主人は骨董市などの古い酒器探しを趣味とし、よいものが集まった。それは何々焼の美術品でも、古伊万里《こいまり》のような骨董でもなく、明治〜昭和前期の量産品だ。有田あたりの白磁に山水、富士、桜などの絵が藍の手描きで入る。盃も鶴亀や鯉などの絵入りだ。これらの民謡や演歌の小節《こぶし》にも通じる大衆の粋と俠気《きようき》の美学は日本酒によく合う。

初夏は常温がいい。

常温、つまり気温と同じ酒は変化しないから、大きな器にたっぷり入れるが、好みはガラスよりも磁器の茶碗だ。大ぶりの汲み出し茶碗あたりがよく、蕎麦猪口を好む人もいる。一升瓶から直接注ぐのは男っぽいが、片口に取り、ゆらゆらたゆたう酒に青紅葉でも浮かべれば風流だ。新宿の居酒屋「鼎《かなえ》」は片口で出し、三人だとさらに大きな片口になみなみとなり、常温こそ男の酒と、気宇壮大になる。また常温には白木の枡がいい。本来計量器の枡で飲むのは居酒屋の起源、酒屋立ち飲みの名残だろう。常温枡酒の木の香りは、木の国日本ならではのすばらしい飲み方だ。

夏の冷や酒は涼を呼ぶガラスが合うが、よい器を出す店は少ない。昔は冷蔵庫がないから冷やして飲む習慣はなく、日本酒を冷保存するようになったのはここ二十年ほどで、まだ冷や酒の飲み方のスタイルが定着していないのだろう。ワイングラスで出すところもあるが、私は他の酒のグラスを借用するのは潔《いさぎよ》しとしない。好みは藤の花などの絵柄をすっきりとカットした江戸切子の透明ひと口ビールグラスだ。恵比寿の「さいき」はこの形のグラスを縞柄の皿にのせて出し、まことに清々しい。

ある居酒屋で春名残の燗酒を徳利で楽しんでいた。太く伸びて、先がすぼまって開いた徳利は何かに形が似ている。連れの女性に握って注いでもらうとトクトクと生温かい酒が流れ出た。男女の「さしつさされつ」はいいものだ。彼女は徳利の先の方をなんとなく指で触っている。むずむずしてきたら、彼女が「え?」という顔をした。

イカ

日本ほどイカを食べる国はないのではないか。刺身、煮て、焼いて、干して、漬けて、あらゆる方法で食べ、イカのない居酒屋はない。

居酒屋のイカなら、まずは酒飲み永遠の友〈塩辛〉だ。私は品書きに自家製イカ塩辛とあれば必ず注文してみるが、東京一のイカ塩辛は荻窪の「やき屋」と断定した。路地奥の小さな立ち飲みながら、イカ水揚げ日本一の八戸《はちのへ》漁港から毎日空輸されてくる新鮮なスルメイカをつかったイカ料理は十二種もある。塩辛は冷蔵庫に入れた大きなガラス瓶のを、ひと混ぜして小鉢に盛る。ひんやりトローリした赤い塩辛の気品ある香り、どっしりしたコクはクラクラするほどうまく、陶然となることうけあいだ。ワタの新鮮あればこそで、初めて入った時はお代わりした。塩辛は私も作り、時々よくかき混ぜるのがコツと感じている。ちなみに私はワタを使わず、塩・酒・鷹の爪だけであえた、あっさり塩辛をよく作る。作って一時間後でも三日後でもおいしく重宝だ。

焼イカは佃の「江戸家」の〈イカ丸焼き〉がベスト。塩かタレでイカを焼き、同時にほぐしたワタのタレを小さな容器で温め、焼けて輪切りしたイカをそのタレに浸けて食べる。熱々のイカワタソースと焼イカのドッキングは強烈なパワーとなり、結構大きな一本を、生ビール片手にゲソまで夢中で食べ尽くす。

煮イカなら渋谷「とみ廣」の〈子持ちヤリイカ煮〉だ。冬場の正月を過ぎた頃から、子持ちの腹はパンパンに詰まってはち切れんばかりになり、身は柔らかく燗酒に最高だ。

干物ならスルメ。スルメを、一味唐辛子ぱらりのマヨネーズで食べる〈アタリメ〉は居酒屋よりはスナックの肴。居酒屋には一夜干しがほしい。北陸能登のワタ入りの半生干しは、たいへんおいしい。

しかしイカの最高峰と言えば、やはり泳いでいる活きイカをタモ網ですくい、手早く刺身にした〈活きイカ〉に尽きるだろう。博多の「河太郎」は佐賀の呼子《よぶこ》港から水槽トラックで運ぶ活きイカが売りだ。店内の水槽をぴゅんぴゅん回遊するイカは本当に透明で、水の中では内臓しか見えない。刺身に切ってもまだ透明、ゲソのイボイボは舌に吸い付くと離れず、うっとりするような甘みは、白くなったイカなんかイカじゃないと言いたくなる。

そろそろ時季も終わる富山湾のホタルイカはまた格別だ。刺身はもちろん、ボイルしたのを生姜醬油で一尾ずつつまむのは格好の酒の友だ。ついでにイカ墨を使う富山名物〈黒作りイカ塩辛〉もぜひお忘れなく。イカ墨の清涼感のある香りは水のうまい富山の酒によく合う。

イカならば〈沖漬け〉を忘れてもらっては困ると言う左党も多いだろう。沖でとったイカをその場で生きたまま醬油樽に入れ、存分に醬油を飲ませて保存する。この最高峰は完成に数年を費やしたという千葉勝浦の漁師料理居酒屋「舟勝」の自家製だ。市販既製品は醬油が辛くしみ過ぎていることが多いが、舟勝の、イカのみずみずしさと醬油タレの切れ味の両立した沖漬けは絶品だ。

〈塩イカ〉をご存じか。水揚げしたイカのゲソを抜き、胴に粗塩を詰め、再びゲソで蓋をして樽詰めした塩蔵品だ。これを食べるのは海なし県の長野県だけ。裂いて、水で塩出しし、胡瓜とあえて食べる。清潔な味は日本酒にピタリだが、地元長野ではあまりにお総菜すぎて居酒屋にはない。これを西新宿の居酒屋「吉本」で見つけ、はたしてご主人は長野県の方だった。吉本では茗荷も入れ、シャキシャキした風味は最高だ。ぜひお試しを。

※渋谷「とみ廣」は閉店しました。

泡盛

夏来たりなば泡盛だ。大きなロックグラスに氷をガチャと入れ、泡盛をそそぎ、マドラーで四十回ほどかき回すとほどよく氷が溶け、冷え冷えになる。そこをキュー。心はたちまち南の島へ。泡盛のアルコール度数は基本三十度。氷の溶け具合で変化する飲み口を楽しみ、おのずと自分の好みの濃さが定まる。

蒸留酒の泡盛は焼酎グループに入るが、芋や麦焼酎とは製法が違い、タイ米を使い、沖縄県だけに分布する黒麹菌（アワモリコウジカビ）の全麹仕込みで作る。乙類焼酎のおだやかさ、ジンの切れ味、テキーラの野生、いずれとも異なる亜熱帯の濃密なコクが魅力。そして泡盛は最低三年、甕《かめ》熟成させた「古酒（クースー）」に尽きる。

東南アジア、タイの「ラオ・ロン」という酒にルーツがあるといわれる泡盛は五百年の歴史を持ち、江戸時代には幕府に献上され、琉球を支配した薩摩の有力な財源でもあった。甕の減った分を新酒で注ぎ足す「仕次《しつぎ》」という方法でエイジングを重ねて古酒にしてゆく。子供が生まれると結婚の祝いに向けて古酒を仕込むのは有名だ。泡盛に最も壊滅的な打撃を与えたのが第二次大戦の戦場となったことだ。百年、二百年の古酒が次々に失われた。しかし戦後の細々とした再出発が、酒の泰斗《たいと》・坂口謹一郎博士により「君知るや南の名酒」として知られるようになる。

沖縄南西諸島で数日泡盛を飲んできた。沖縄本島は製造規模も大きく、マイルドな製品が多いが、南西諸島の小島は島ごとに数人規模の小さな酒造所があり、個性も違う。波照間《はてるま》島の「泡波」は柔らかな飲み口が人気で、本島に渡るとン倍の値段になるプレミアムだ。伊良部《いらぶ》島の「豊年」は軽快で何杯でもいける。

最も個性的なのは石垣島・池原酒造所の「白百合」だ。特有の強烈なカビ臭さはペルノーやパスティスのアニス香にもやや似て、好みははっきり分かれるが、好きな人は、はまる（私は、はまりました）。蔵元は、今のきれいな泡盛とは違う昔の泡盛を残すため、断固変えずに作っているというのが好ましい。

泡盛に合うのはやはり沖縄料理だ。島ラッキョウ、海ぶどう、ラフテー（豚の皮つき三枚肉の角煮）、スーチキ（同、塩漬け）などはぴったり。豆腐を泡盛と紅麴で漬け込み熟成させた〈豆腐餻《とうふよう》〉は泡盛のための酒のつまみと言えよう。琉球王国は泡盛と豆腐餻《よう》を管理するだけの専門役人を置いたそうだ。

日本は醸造酒（日本酒）と蒸留酒（焼酎）の両方を国酒にもつが、泡盛を独立して加え、日本酒・焼酎・泡盛の三つを日本の国酒としたい。南九州の酒でしかなかった焼酎が、この五年ほどで日本中にひろまったのは皆様ご存じの通り。次は（と言うのもおかしいが）泡盛だ。洋酒で今人気のラムともテイストが共通する泡盛をぜひ味わってほしい。

那覇の有名な居酒屋「うりずん」は沖縄全酒造所の泡盛をそろえ、沖縄を訪れる人の実家のように賑わっている。最近、東京・新丸ビルに東京店もでき、こちらも深夜を過ぎて大賑わいだ。

国際通りを横に入る「龍宮通り」入口の「小桜」は沖縄の最も古い居酒屋の一軒で、ここも多くの銘柄がそろい、訪ねた客の楽しげな写真が壁を埋める。「豆腐餻《よう》」は手作りの逸品。

東京では市谷《いちがや》「嘉多蔵《かたくら》」の品揃えが他の追随を許さない。特にプレミアムとなっている「春雨」は年代ものもふくめ全種類がそろう。私の好きな「南光」「時雨」もお試しを。「白百合」があったらチャンスです。

人世横丁

酒場横丁が大好きだ。門前仲町「辰巳新道」、新宿「思い出横丁」、池袋「人世横丁」を東京の三大酒場横丁と思っていたら、人世横丁は再開発取り壊しが決まったらしく、まことに残念だ。

池袋駅東口グリーン大通りを左に入ると人世横丁のアーチ看板。初めての人は目を見張り、立ち尽くすだろう。眼前にずらりと並ぶ古い二階家の居酒屋やバーは、まさに戦後映画のセットの如く圧巻だ。小路は途中でY字に分かれ、向こう側で左右がつながり、囲まれた三角地にも店がある。中央に棕櫚《しゅろ》の大木。中空には電線が複雑に張り巡り、小路に点々と続くピンクの提灯がいい。

ついひと月ほど前、お婆ちゃんに「もう一度来るからね」と声をかけた「小料理・佳泉」がベニヤ板でふさがれているのにぼう然とした。「白たきカレーおいしかったです、永い間お疲れさまでした」「またたび酒と蛍光灯。お元気でまたいつか山登り

の話をさせてください」常連らしきがベニヤ板に書いた惜別の言葉が胸を打つ。八十代のお婆さんは信州諏訪の方と聞いた。お元気で長生きしてほしい。

人世横丁は昭和二十六、七年ごろ建てられた間口一間ほどの木造二階家の飲み屋街だ。戦後、焼野原となった池袋の闇市マーケットは次第に整備され、このあたりにはいくつもの飲食店横丁ができた。人世横丁の名は近くにあった映画館「人世坐」からとも言われるが、ここを作るのに奔走した人の「人生には横丁がある」という想いの命名によるようだ。全二十四軒ほどのうち、三角地（もと銭湯だったとか）の「ホルモン牛若」や「小料理　美里」「立ち飲み　げんき」「たけまつ屋」「スタンド絵夢」「季節料理　最上」など開いている店はいくつもある。昔、お婆さんとじっくり話した最古参の「元禄」は閉めたが、二番目という「おれんち」はやはりお婆さんが続け、ぜひ行かなくちゃ。

「炭焼料理　摩《ま》火《か》鮮菜《せんさい》」は横丁では新しい平成十年の開店。店主・保谷さんは茅場町や六本木で働き、かねてレトロ感が気に入っていたここに元焼鳥屋らしい空き店舗をみつけ、手作り改造して開店した。敷石に砂利の床、板を適当に打ち付けた壁などは子供の隠れ家のように落ちつき、二階座敷から見下ろす小路の眺めはすばらしい。

しかし何といっても最高は小路に張り出した畳一枚ほどの露店座敷だ。京都の夏の名物「川床」になぞらえればこれは「露地床」。花ござに小さなちゃぶ台を置き、すぐ脇を人が歩くのを尻目に一杯やるのは、大げさでなく「日本一の居心地」と言い切る。ようやく暗くなってきた夜空を背景に、バラック二階建ての間からサンシャイン高層ビルが光る眺めは、時空間を超越したスケールを感じる。斜め向かい角の「立ち飲み　げんき」のてきぱき働く若い娘さん（美人）と目が合い、ちょっとビールグラスを上げて挨拶。そちらもこんど行きますよ。

豚バラ、鶏もも、レバーの串焼に辛子味噌で食べる野菜盛り合わせが合う。壁には「あしたのジョー」のポスター。店の相棒は元バンタム級日本チャンピオンだそうで、ここはボクサー系が多いというのも気に入った。店はやれる限り続けるというのが心強い。

「パブよっと」は黒ドレスが魅力のママさんのスタンドバー。焼酎お湯割を手に話を聞くと、客はマスコミ編集関係が多いそうだ。

全国の酒場横丁を歩いたが、人世横丁ほどドラマチックな舞台を感じさせるところはない。夏の宵、今のうちに、ぜひお出かけを薦める。

※池袋「人世横丁」はなくなりました。

日本三大居酒屋横丁

先回で東京三大酒場横丁にふれたが、こんどは「日本」と大きく出てみよう。私は長年の横丁徘徊の結果（笑）、仙台「文化横丁」、大阪「法善寺横丁」、長崎「思案橋横丁」を日本三大酒場横丁と決定した。

仙台は伊達小路、稲荷小路、狸小路、虎屋横丁、壱弐《いろ》参《は》横丁、仙台銀座など横丁の宝庫だが、細路地の両側に木造二階の居酒屋、バーが連なって三本並行する日本一の酒場横丁「東一連鎖街」が今年春、完全に消えたのが痛い。おきまりの商業ビル化らしいが、通りからぶらりと入る横丁酒場の良さを知らんのか。

文化横丁、通称ブンヨコは大正十三年に横丁が通り、翌年活動写真館「文化キネマ」が開館してこの名がついた古い横丁だ。奥の奥にある「源氏」は昭和二十五年の開店。石蔵を改造した店内はひっそりした別世界で、多くの常連ファンをもつ。美人おかみは「日本三大白割烹着おかみ」の一人（と「三大」好きの私が言う）。コの字

カウンターを囲み、流動式燗つけ器によるコップ燗酒を静かに傾ける静謐《せいひつ》な空気は「文化」の名に恥じない。酒は一本ごとに、ぬか漬や豆腐などお決まりの肴が一品ずつ三本まで出る。他にも煮こごり、塩うに、一夜干しなどの肴が揃う。
源氏手前の「やくみ家」は昔日《せきじつ》の居酒屋の風情がすばらしい。空いていた店に注目した若い主人はあまり直さず使い、近海の新鮮な刺身などを出す。節穴の抜けたカウンターの一杯は時間を超えた居心地だ。

大阪法善寺横丁は二度の火災を乗り越え、完全復興したのはまことにめでたい。大阪の看板として入口の字は藤山寛美《かんび》が書いた。夜、打ち水した石畳に店の灯りがしっとりと照り映える情緒は我々のイメージする横丁そのもので、日本一と言おう。鉤《かぎ》の手に折れた角がご存じ「水掛不動」。善男善女のかける水で苔は青々として不動様の顔も隠す。玉垣に花柳《はなやぎ》章太郎、伊志井寛《かん》、水谷八重子の名があるのは立派。石灯籠の連名、市川寿海・市川雷蔵《らいぞう》は義父と養子の結束を見せて感慨深い。東京新橋の烏森《からすもり》横丁もそうだが、横丁に地霊を守る神社があるのは理想的で、夕方仕事始めの主人や、夜更けて一杯機嫌の男女が手を合わすのはまことによい光景だ。

法善寺横丁は大人の店が並ぶ。有名な「正弁《しょうべん》丹吾亭」は最も歴史が古く、大阪らしい艶のある上品なモダン和風。名物味噌おでんは焼豆腐・こんにゃく・揚げ茄子・里芋・青唐辛子の盛り合わせ。黒味噌ダレの甘く深いコクはさすがで〈鯛と湯葉のあんかけ〉など関西らしい料理は奥様連れにも喜ばれるだろう。

もう少し気楽に飲むのなら「上かん屋　久佐久《きゅうさく》」のカウンターがいい。心斎橋筋本《しんさいばしすじ》店ののれん分けで、若い板前がやっているが、毎朝仕入れを確かめる親方の目は光っている。先日は時季の〈鮎塩焼〉で一杯。〈刺身盛り合わせ〉はお徳用。〈蛸旨煮〉は変わらずみごとな味だった。

長崎・思案橋横丁は複雑に迷路化して迷うがそこが面白い。大きな赤提灯が目印の「おでん桃若」は主人と奥さんの絶妙かけあいに気持ちがなごみ、時々奥からイケメンの二代目が顔を出す。柚子胡椒で食べるおでんは優しい味で、おつゆでつくるおじやは最後のシメに最高だ。

一歩裏の「こいそ」はおちついた若主人と娘っぽい美人奥様のしっとりした雰囲気。大阪修業の主人の料理に、近所のプロも仕事の前や後に一杯やりにくる。注文を受けて揚げる〈すり身揚げ〉はぜひ。

横丁は特定の一軒ではなく、通り全体の雰囲気を楽しむ所だ。日本三大酒場横丁を制覇してみませんか。

※仙台「やくみ家」は閉店しました。

島の居酒屋（一）

四方を海に囲まれた日本は島が多く、島には島の居酒屋があり、それぞれの風土を楽しめる。先日八丈島の居酒屋を訪ねた。

「梁山泊《りょうざんぱく》」は創業三十年になる老舗で島の肴がすばらしい。海藻「カギイバラノリ」をゆっくり煮て、魚の切身や刺身くずと型で固めた〈ブド〉は、黒緑色の寒天寄せのようなもので、磯の香りと海藻特有のミネラル味に深い魅力がある。魚はノリ収穫の三～四月に獲れるトビウオをよく使い、冬の伊勢海老になると王様級。適当な魚がないときは貝のシタダミ（シッタカ）や缶詰も使い、何でも煮ノリで固めてしまう懐の深い品だ。家庭でも作るが結構磯味が強くなりすぎるそうで、ここのは塩と出汁で、食べやすくアレンジしている。

トビウオはもちろん〈クサヤ〉もあるが、トビウオ好きの私には開きの一夜干しがじつにうまい。内地では見たことがなく、夢中で一尾を食べ尽くした。

酒の友に重宝したのが岩海苔を軽く焙った〈岩海苔焼〉で、マヨネーズ醤油をちょいとつけると「他に何もいらない」状態になる。

海のものだけではない。島産オクラを板擦りしただけの〈ネリ〉は、切口から樹液がタラーリと糸を引き、生味噌で食べると内地の堅いオクラと違って柔らかく、青い香りも清らかで旨さに驚いた。唐辛子味噌で食べる島きゅうりはパリパリに新鮮だ。野菜は中央市場に出荷するほどの量は穫れず、島内消費だけなのでいやでも新鮮なのだ。

「これはアイデアものですけど」と照れぎみに出してくれた新製品は〈クサヤチーズ〉。プロセスチーズを溶かし、細かくほぐしたクサヤを混入して固めたもので、「臭い同士を合わせるアイデアはいかにもじゃないの」と冷やかしながらつまむと、これが本当に笑ってしまうほどいける！

酒はご存じ「島焼酎」だ。米の穫れない伊豆諸島は江戸時代末期に鹿児島から甘藷栽培と芋焼酎の技術が伝わり、島焼酎を造るようになった。酒のなかった島に焼酎の誕生は、島人の生活に画期的なうるおいをもたらした。飲んでいる「情け嶋」は癖のない麦。最近は芋麦ブレンドの神津島の「八重椿」に人気があるという。

通は青ヶ島焼酎「青酎」だ。黒潮洗う絶海の孤島・青ヶ島で、さつま芋も、麦麹も、水も、原料はすべて青ヶ島産。芋と麹を同時に仕込む昔ながらの「丼仕込み」で作った「青酎伝承」はごくごくわずかに塩の味がして、洗練とは無縁の強烈な個性に酒好きは唸る。その古酒「恋ヶ奥」は、カラメル風の甘みと麦焦がしのような乾いた香ばしさで、最上級のグラッパに匹敵する逸品だ。

変化球では「明日葉《あしたば》ビール」がある。明日葉で作ったビールではなく、ビールを明日葉の青いジュースで割ったもの。「何でも割ればいいというものじゃないよ」と皮肉を飛ばして飲んだら、これがまたうまく、思わずグイグイと飲み進んだ。健康にはもちろん良く、日曜日のモーニングビールに最高だろう。酔った私は「ビールのトマトジュース割りがレッドアイ、しからばこれをグリーンアイと名付けよう」と提案、「検討しましょう」と笑われた。

島の居酒屋といっても観光的に演出せず、島の産物を洗練させて提供する姿勢はたいへん好感が持てる。昔から内地に頼らず、島の生産物、漁獲物で生活してきた料理に島産の酒があれば最高で、それが島で飲む醍醐味だ。夏の終わりに、島の居酒屋へ行ってみませんか。

島の居酒屋（二）

島の居酒屋はなんといっても魚の刺身だ。黒潮まっただ中の伊豆諸島は、遠い中央市場など通さないから新鮮さはこの上なく、食べ方も独特だ。

八丈島では刺身は山葵《わきび》ではなく青唐辛子で食べる。青唐辛子はタイ産のスーパーホットかメキシコのハバネロが世界最強と言われるが、八丈島産も匹敵すると思え、うっかり噛むと、三十分は氷水を含まずにはいられないから要注意だ。刺身の醤油には青唐辛子の二つ切りを浸けるか、または切り口を刺身にこすりつけて食べ、鋭い辛み、青爽な香りは魚の甘みをキリリと引き立てる。

八丈島の握り寿司〈島寿司〉は黄色の和辛子で握り、これまたキリキリツーンとくる辛みが濃厚だ。八丈の居酒屋「梁山泊《りょうざんぱく》」の島寿司はアカサバ、メダイ、カンパチなどをほんのり甘い醤油タレに浸けてから握り、じつにおいしかった。

伊豆大島には地魚のづけ丼〈べっこう丼〉というたいへんおいしい丼がある。「海

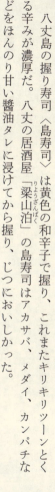

鮮茶屋「寿《す》し光《こう》」の、メダイを青唐辛子の醤油タレにしばらく浸けた半透明のづけは、本物の鼈甲《べっこう》のように美しく、やや甘めの酢飯によく合って夢中でかっこむことになる。これの「べっこう茶漬」もさぞうまいだろう。漬けタレを漉《こ》して使い続けるのはクサヤの塩汁と同じだ。寿し光は居酒屋としても楽しめ、クサヤと島海苔の〈くさやピザ〉なるものもいずれ試してみたい。

大島市街から離れた一軒家の居酒屋「ごろう」は、車でしか行けないが予約必須の人気店だ。伊豆諸島の野菜、明日葉《あしたば》は東京でも手に入るが、ここでは葉を取った軸の〈明日棒《あしたぼう》〉がメインだ。サラダ、お浸し、胡麻和え、炒め、醤油漬、ぬかみそ、天ぷら、佃煮、御神火《ごじんか》（酢・ニンニク・唐辛子の辛い醤油漬）と様々な方法で食べ、どれも歯ごたえよく、ぬるみが精を感じてじつにおいしい。明日葉の茹で汁を入れたトコロテンは黒蜜で食べ、ピュアそのものの格好のデザートだ。

昔から離島は本土に頼らず自給自足で生きてきた。魚は刺身、づけ、干物、塩漬（クサヤ）。野菜は軸も捨てない。食料も、塩も、酒も、すべて島内で生産する逞しさに学び、その価値を知るのが島の居酒屋に出かけて行く意味と言えよう。

島までなかなか行けない人には東京でも味わえる。べっこう丼を鎌倉の居酒屋「企《き》久太《くた》」でみつけたときは嬉しく、「これは伊豆大島の料理ですね」と声をかけると「よくご存じですね」と言われた。

小岩の居酒屋「源八船頭《げんぱちせんどう》」は八丈島料理がよく揃っている。「今日摘むと明日芽が出る生命力の強さから名のついた明日葉は、伊豆七島山野に年中青々と繁り、滋味、根気、精力にたいへんよし」「視力回復、血圧降下、便秘、大腸ガン予防に効果」の説明がある〈明日葉おひたし〉は厚みのあるしっかりした葉がしゃきしゃきと歯応えよい。

八丈はまたトコブシの名産地で、ここの〈煮トコブシ〉は柔らかな肉厚が五個と良心的、添えた干しワカメもたいへんおいしい。梁山泊で食べた〈トビウオ一夜干し〉もある。地魚刺身いろいろと野菜を酢味噌で食べる盛り合わせの大皿〈船頭なます〉はボリュームのあるお徳用。島焼酎は「情け嶋」などがある。広い店内には源八丸、栄徳丸の大漁旗や八丈観光地図などが貼られ、よく繁盛して女性客が多いのは、格安で大盛ゆえだろうか。シメの島寿司はアカサバ、メダイなど七貫で七百円は安い。づけに和辛子の正しい島寿司だった。

東京三大居酒屋名建築

古い建物の居酒屋は落ち着く。魚や焼鳥の煙でいぶされて艶の出た天井、柱。客のこぼした酒がよく沁みたカウンター。古くなってもガタの来ない机や椅子に昔の職人仕事の丁寧さをみる。

使い込んだ年期の味だけではない。建物の様式そのものに今は見られなくなった細工や仕上げが残り、建築意匠史的な興味もわいて、居心地をいっそう深くする。ではお得意の（？）東京三大・名建物居酒屋といこう。

神楽坂毘沙門天前、石畳路地の木造しもた屋「伊勢《いせ》藤《とう》」は、東京で最も古いスタイルを残す居酒屋だ。左右の椿植え込みに挟まれた長い縄のれん、「御酒　伊勢藤」と書かれた行灯《あんどん》からこぼれる光は、新派の舞台のように美しい。

中は本物の三和土《たたき》の土間で、藁切り込みの荒壁、黒光りする板壁の薄暗い灯に白障子が映える。板張り座敷に囲炉裏を切り、主人が端座。後ろには「白鷹」四斗樽薦被《こもかぶ》

りが据えられる。雄大な空間だが、引戸や棚は工夫されて一寸の無駄もなく、雰囲気は大店《おおだな》の商家に近い。

昭和十二年、先々代が自分の通っていた日本橋の居酒屋にならって始め、その建物は戦災で焼け、昭和二十三年に再建した。再建からでも六十年だ。磨かれた艶の底光りする店内は冷房も暖房もなく、夏は団扇が渡され、冬は石油ストーブを置く。酒は主人が囲炉裏の灰でつける白鷹燗酒のみ。ビールも焼酎もない。座れば黙って酒一合と一汁五菜の盆が出る。冷や酒の注文には「常温でよろしければ」と答える。つまり建物も飲み方もすべてが昔のままの文化財級の居酒屋だ。

根岸の「鍵屋《かぎや》」は安政三年に酒問屋として創業し、店の隅で一杯飲ませていたが、昭和二十四年から居酒屋として本格的になった。昭和四十三年、表の言問通り拡張のため裏のここに移転し、江戸以来の建物は小金井公園の「江戸東京たてもの園」に移築保存された。今の建物は大正時代に踊りの師匠が住んでいたしもた屋を、先代が懇意の棟梁に腕を振るわせ居酒屋に直したもので、江戸商家の骨太な造りに「粋」が加わった。楓《かえで》の厚いカウンター、小上がりに、古い銘酒ポスターや江戸の道具が飾られる。古い銅の六穴燗《ろっけっかん》つけ器による主人の燗さばき、東京流の一見そっけない気働きサービス、お通しは決まってみそ豆。小さな品書板は品とも昔と何も変わらない。

この店のすばらしさは、その「昔と何も変わらない」やり方で酒を飲めることにある。往時は上野あたりの寄席で仕事を終えた噺家や酒好きの文士が近所の人と並んで酒を飲み、だれもそれを珍しがらなかったというのが東京人の美風だ。このカウンターの隅で小沢昭一さんが黙って飲んでいたらなんとよい光景だろうか。

アキバと言う方がわかり易くなってしまった外神田の「赤津加《あかつか》」は派手な電器店に囲まれ、昭和二十九年の建物だがもっと古く感じる。黒豆石洗い出し仕上げの床、店の中に木が生えたような、天然木こぶこぶ丸柱の艶、燗つけ器を囲む小さなコの字カウンター、御酉様の大熊手など、江戸っ子神田らしい鯔背《いなせ》と侠気のある店内は、これまた文化財クラス。床も柱もあちこち傾いてきたのはご愛嬌で、まさに東京のエアポケットだ。

神楽坂の大店商家風、根岸の江戸風、神田の鯔背。土地の地霊に守られた古い建物の居酒屋で飲む酒は、何十年そこで飲んできた常連の列に自分も加わること。これこそ酒徒の花道だ。

日本三大居酒屋名建築

東京三大居酒屋名建築に次いで日本全国の巻。どうも「三大」が好きなもので。

大阪阿倍野の「明治屋《めいじや》」は阿倍野再開発の中で、孤高超然と瓦屋根の木造二階建ての営業を続けている。創業昭和十三年。今年の二月に七十周年の祝をしたすぐ後に先代主人を失い、先行きを心配されたが、従業員二人に台所は奥様と娘さんが守って、できる限り続けるそうで、まずはひと安心した。

風格をたたえる瓦屋根の大扁額《へんがく》、「酒屋　明治屋」の吊看板、茶の大暖簾《のれん》、丸い電燈は、商都大阪らしくどことなく商家の雰囲気をもつ。ひんやりした三和土《たたき》、大時計、神棚、桜正宗の古い鏡などの生み出す空気の静謐《せいひつ》感はすばらしい。カウンターと卓席を、幅も高さも同じにした設計が巧みだ。

午後一時の開店に常連一人客が座り、表通りをゆく電車の音を肴に無念無想の独酌を重ねる。樽から汲み、古い流動式燗つけ器を通した燗酒は大阪らしい甘口で、身も心もとろけさせる。肴はまず〈きずし〉。大阪行かはったらこれ忘れてはいけまへんな。水なす、皮くじら、ねぎタコ、だし巻きなど、大阪らしいあてで昼酒の一杯は至福の時だ。再開発はどうなろうともここは大阪の宝。皆さん、おおいに応援願います。

東海道焼津に古典酒場あり。賑わいもない駅前から、タクシーで十分ほどの古い通りにぽつりとある唐傘をかけた赤提灯が目印の「寿屋《ことぶきや》」だ。奥に長い踏みしめた三和土の右にカウンター、左に畳一枚ほどもある大机が二つ、その奥に座敷もある。

入口にでんと置いた超大型の木製冷蔵庫、天井の本物の白碍子《しろがいし》の電線（近頃の昭和レトロ居酒屋の剝きだし電線は、みな飾りです）、白ガラス笠の裸電球などあらゆるものが戦前から何も変わっていないようだ。

カウンターのホーローバットには焼津港に揚がった魚が並ぶ。作り置きの品はなく、鮮魚を注文次第に調理する。私は魚を選んでまず刺身、次いで叩き、酢〆。お終いごろに焼魚だ。酒は地酒「杉錦」がいい。

このあたりは戦前は観音様の浅草通りとよばれ、遠洋漁業の一大基地としてカフェー、料理屋、洋食などが並び、夕方は芸者衆がにぎにぎしく往来を行き交って、たいへんな賑わいだったそうだ。棚に並ぶ酒の祝い桶が当時の盛況を物語る。私は栄えた漁港の居酒屋の貴重な様式を映像に残したいと、何度も取材をお願いしたが笑って断られたままだ。静岡出身の作家・村松友視さんにこの店を書いた短いエッセイがある。

私も『超・居酒屋入門』（新潮文庫）に詳しく書いた。

日本の古都・京都に古い名建物居酒屋はあるかというと、ある。市内北の、北野天満宮近く千本の居酒屋「神馬《しんめ》」は創業昭和九年。蔵造り二階の白壁に鏝細工《こて》で「銘酒神馬」と浮き彫りされ、古風な格子窓や丸柱が艶光りする。この近くは水上勉『五番町夕霧楼』の舞台となった上七軒花街で、今も残る艶っぽい粋が魅力だ。店は広く、コの字の大カウンターの先は小さな太鼓橋を渡って大机になる。銅の燗つけ器の燗酒は独自のブレンドでやわらかい。肴は夏はハモ、秋は松茸、冬は越前ガニなどの高級品から、絶品おでんまでお財布次第だ。

商都の「明治屋」、漁港の「寿屋」、花街の「神馬」。古い居酒屋はやはり土地の風を伝える。

近代建物の文化財保存は、まだまだ銀行や官庁など大建築ばかりだ。庶民生活の息吹を伝える居酒屋もぜひ保存の意義を訴えたい。そして、現役としてそこで酒を飲める幸せを、皆さんに知ってもらいたい。

きのこ

季節を先取りする居酒屋はもう秋だ。海山の収穫がそろう食欲の秋に、ぼちぼち燗酒が恋しくなる。山国で育った私の秋の好物は、きのこだが、きのこのうまい居酒屋となると難しい。

きのこの王者は言わずもがな、松茸だ。秋になると雑誌あたりで必ず「国産どこそこの松茸を、豪華に食べ尽くす」などと自慢記事が出るが、さもしいですな。あれは編集者が取材費でできるから企画する。そもそも高価なものを食べたことを口に出して言う人物にロクな者はいない（くたばれグルメ評論家）。高価なものを食べるのは後ろめたく恥ずかしいことなのだ（ほとんど怒っています）。

京都は松茸を食べる町で、料亭割烹はもちろん秋の献立の主役、どんな居酒屋にも必ずある。居酒屋好きは季節の品を注文するのが粋ゆえ、私も注文する。

そのとき大切なのは「松茸を話題にしないこと」だ。まして「これ、国産？」など

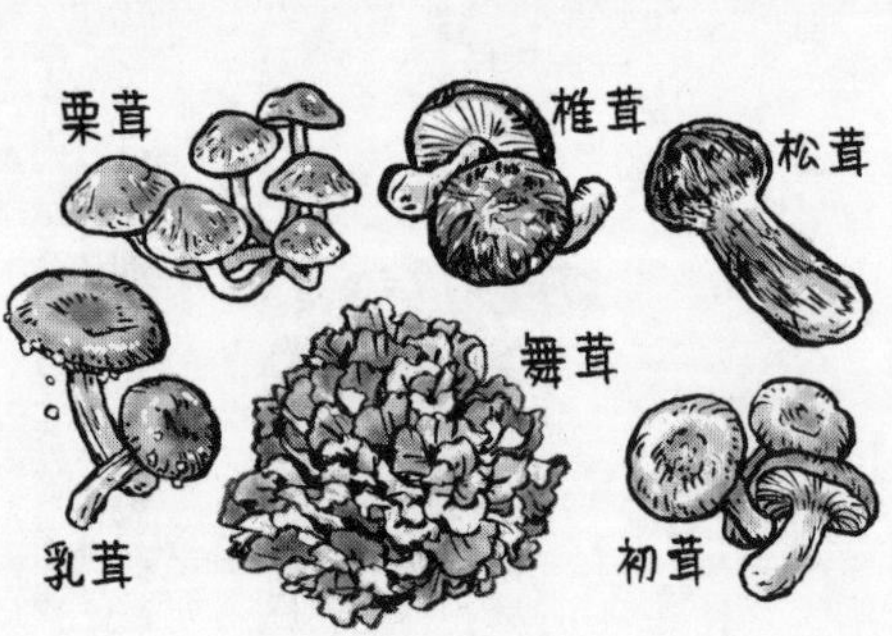

と尋ねるのは野暮の骨頂で、値段で判るでしょう。あたりまえに注文し、さりげなく食べて終わる。松茸なんて普通に食べるものという姿勢を保つ（のだ）。ついでに書けば〈松茸のどびん蒸し〉は、盃でおつゆを味わうもので、具は箸をつけない。サラリーマンになって先輩に連れられた店で食べ方がわからず、つまんだら叱られた（もちろん食べてもいいんですよ）。

松茸とならぶ名きのこ・舞茸の天然物は松茸以上の貴重品だ。会津若松の居酒屋「麦《むぎ》とろ」の主人は舞茸採り名人で、五十センチの大物は新聞記事になった。舞茸好きは「採れたらすぐ知らせろ」と店に予約しているそうだ。

栃木の人は地きのこ「乳茸《ちたけ》」を珍重し、時期には隣の茨城県まで採りに行くが、そちらでは見向きもされないというのが面白い。宇都宮の居酒屋「庄助《しょうすけ》」は、秋になると乳茸をスタンバイし、店に出すことがある。これも確かめが必要だ。

きのこで一杯やるのも大変だ。そんな無理（?）をせず、きのこは〈生椎茸焼〉がやはりうまい。椎茸は何と言っても北海道で、なにしろでかい。炉端焼の本場・釧路の「万年青《おもと》」は朝七時までやっている本当に地元の人の店。ここの生椎茸が過去最大で、笠の差し渡し十センチは優にある超肉厚を、炭火に逆さまに置き、裏の白いヒダから涙がにじむように水玉が浮いたらもうOK。手で裂き、塩ほんのちょろりで食べる。〈椎茸ステーキ〉と言うとおり、豊満できめ細かく、深みのある味は陶然のひと言。笠の裏にバターを少し落とすとまたおいしいが、まずは塩だ。椎茸焼はともかく大きくて肉厚がいい。万年青は、ホッケ、ニシン、メンメ、じゃが芋などの炉端焼定番に、若い者には堂々三百グラムの豚タレ漬ステーキも人気の、まことに感じの良い店だ。

信州育ちの私は、地元で言う利口坊、初茸、栗茸、ウシビテなどの「雑きのこ」が懐かしい。父に山に採りに連れられ、はじめは「ほれ、そこにある」と言われてもわからないが、次第に見えてくると夢中になる。採ってもきのこは後処理がたいへんで、父は新聞紙を広げ、粘膜に貼り付いた落葉や松葉を丁寧に掃除していた。味噌汁が一番だが、茹でて大根おろしは酒の肴になった。

新宿の居酒屋「吉本《よしもと》」は秋になると〈きのこの煮浸し〉が出るのが楽しみだ。いろんな山きのこはとろりとよく出汁がでて、山の秋気を感じる。先代は信州伊那の出身で、やはりきのこをよく知っていたのだろう。

燗酒

燗酒のうまい季節でござるのう。小さな徳利から小さな盃に注ぎ、親指と中指の間からツィー。うう、たまらん。箸に持ち替え、タラ白子の焙ったのをちょいとつまみ、また一杯。ああ、オレもうなんにもいらない。

「小さな徳利から小さな盃に注ぎ」ここに意味がある。徳利の首がすぼまっているのは、注ぎやすさと温度を保つため。盃が小さいのも一杯一杯温かいのを飲むためだ。昔は暖房などなく、せいぜい火鉢の手あぶりくらい。温かいということはたいへん有難いことだったのだ。

温めて飲むのが基本の酒は世界で日本酒だけだ。日本酒の旨みである乳酸とコハク酸は冷やすとまずく、温めてその旨みが出るからだ（日本酒の泰斗《たいと》・佐々木久子氏）。実際、スープも料理も温かい方が味を豊かに感じとれ、とりわけアルコールは温めるとよく香りが立つ。

温め方は、そこは繊細な日本人。温度の低い方から日向《ひなた》燗、人肌燗、ぬる燗、上燗、

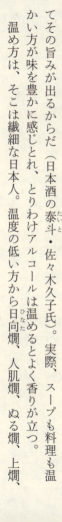

熱燗、とびきり燗と様々に扱う。上等な酒を燗で頼むとよく「ぬる燗でよろしいですか」と声をかけられるが、熱すぎた燗は戻せないので正しいといえよう。私は「いえ、普通でいいです」と、もう少し熱い上燗が好みだ。家でいろいろ試し、徳利を湯から引き上げた直後の一杯よりは、しばらく置いた三杯目あたりからがおいしいことに気がついた。荒熱が消えた、いわゆる燗ざましだ。このあたりは好みなのでどうぞお試しを。

昔の居酒屋には、お燗番という大切な仕事があり、酒の燗だけをみていた。もちろん徳利を湯に浸ける湯燗だが、お湯の中の螺旋《らせん》の管を通して温める流動武燗つけ器はまた一段とうまくなる。これは酒を動かす（流す）からだと思う。流動式燗つけ器は時々残っており、仙台「源氏《げんじ》」、大阪「明治屋《めいじや》」の二大古典酒場のほか、東京王子の大衆酒場「山田屋」にあるのを知った。酒は「白鷹」でベストだ。

燗酒は、根岸「鍵屋《かぎや》」（桜正宗・菊正宗・大関）、湯島「シンスケ」（両関）に、大塚「江戸一」が断然すばらしい。酒は「白鷹」（きりりと辛口）と「泉正宗」（おだやかな甘口）の樽酒の他に全国地酒がよく揃う。客のほとんど全員が燗で店も燗をすすめる。常連は黙って座れば好む銘柄、燗具合がすっと出る（私は「鶴の友」上燗です）。

神楽坂「伊勢藤《いせとう》」はもっと徹底し、板の間の囲炉裏に正座した主人が、炭火を囲む灰に埋めた特製の巴型の銅の燗つけ器で、錫《すず》ちろりを使い慎重に「白鷹」の燗をつける。その姿は茶道のお点前のようだ。

伝統の名店に対し、今もっともうまい燗酒を出すのは阿佐谷《あさがや》の「善知鳥《うとう》」だ。若く生真面目な主人は、少し前の「良い日本酒は燗しない」という誤った風潮に疑問をもち、吟醸酒、生酒、古酒などあらゆるタイプの日本酒の燗を研究し、様々な適性と技法を開拓した。例えば、燗酒を高い所から片口に流し込む「お燗タージュ」は、空気を混ぜ込むことにより軽く軟らかくさせ、その旨さの差は、しないものとしたものを飲み比べれば歴然だ。燗酒はすぐには出てこない。湯の錫ちろりを幾度も引き上げて、つねに両の掌でじっと抱いて酒の声を聞く。最近、お燗用温度計を使う店が増え、私は大歓迎だが、より高い次元では「やっぱり手です、手が判断します」と言いきるのが心強い。掌で判断して出すのはどの名店でも全く共通している。

寒い冬は燗酒につきる。練達のプロのつけた燗酒をぜひ味わおう。

昆布〆

日本酒に刺身はベストの組み合わせ。刺身も一手間かけるとまた旨くなる。例えば醬油の〈づけ〉や、薬味をきかせた〈たたき〉〈なめろう〉など。最近はオリーブオイルのカルパッチョも人気だ。

なかでも板昆布ではさんでしばらく置き、昆布の旨みをうつらせた〈昆布〆《こぶじめ》〉はその最たるものだろう。ヒラメ、タラなど白身をよく使い、刺身の水分が抜け味が凝縮したところに、旨みの王者昆布の味が加わるのだからうまくないわけがない。

昆布〆の本場は富山だ。北海道の昆布を運ぶ北前船《きたまえぶね》の有力な寄港地だった富山は、富山湾の豊かな魚とあいまって昆布〆王国となった。白身魚のみならずカジキ、ホタルイカ、鶏ささ身、はては蕗《ふき》などの山菜まで、何でも昆布〆にして魚屋やスーパーに並び、居酒屋にももちろん自家製がある。

駅前で五十年になる名居酒屋「親爺《おやじ》」の、春先から夏にかけて出すホタルイカ昆布

〆は、小さなホタルイカが昆布に挟まれて行儀よく並び、味は感涙ものだ。近くのこれも名店「あら川《かわ》」はタラ、クルマ鯛、ヤガラ、水タコ、サス（カジキマグロ）、能登鶏ささ身などいろんな昆布〆を味わえる。

昆布〆はそれ自体では味の淡泊なものに効果が発揮されやすい。料理プロの仕事と思われがちだが、板昆布を酒で拭き、魚を挟んでラップして冷蔵庫に入れておけば自然に昆布の粘りが出て案外簡単だ。〆具合は好み。私はせっかくそうするのだから、一、二日置いてしっかり昆布の味がしみたものが好きだ。

上等な昆布を使えば味が良いのはもちろんだが、使い終わった昆布が勿体ないところだ。居酒屋では刻んで添えるけれどそれでも余る。「あら川」では平たいままを素揚げして出し、パリッとした香ばしい口当たりは酒の友に最高だ。先代主人は大きな湯飲みに入れて熱燗を注ぐ「昆布酒」を出していた。家庭では細切りを酒・醬油・鷹の爪で煮ておけば肴にもおかずにもなる。

東京にはなかなか昆布〆を出す居酒屋がないと思っていたが、中目黒の「昆布《こぶ》とり」は本格だ。ある日の〈昆布〆刺身盛合せ〉はホウボウ、ヒラメ、黒鯛、ヤリイカの四点盛り。今日のはよく〆られてねっとりと昆布が糸をひく。ホウボウの飾らない旨み、ヒラメの艶、黒鯛の豪華、ヤリイカの色っぽさと、昆布〆にしてさらに魚の本領が強調されるように感じる。脱サラの主人はまだ若く、両親が富山で、ときどき行くときいて納得した。富山名物の大門そうめん、氷見うどんもある。

先日、築地の「魚竹《うおたけ》」をのぞくと〈鯵《あじ》昆布〆〉があって早速注文した。鯵の昆布〆はありそうでお目にかかったことがない。青肌を残した大きなそぎ切りは酢をきかせ、添えた刻み昆布は、ばってら寿司などに使う半透明の白板昆布だ。同じ昆布〆でもすっきりと粋につくるのは、さすがは江戸前築地と感じた。

昆布はやはり偉い。私はご飯を炊く時に放り込んでおく。そろそろおいしくなってきたカブの浅漬けは、細切り昆布を入れて粘りを出す。小松菜の塩もみは、塩・一味唐辛子・昆布茶でもむ。最近料理屋で、よく鯛の刺身に塩昆布をのせて出すのは、刺身は醤油ばかりではなく、塩もおいしいアピールにもなっているようだ。白ご飯に塩昆布をのせてお茶をかければもうご馳走だ。

買ってきた刺身を、昆布〆でひと仕事して「明日」の晩酌の肴にいかがですか。

下町ハイボール

チューハイ、酎ハイ、正しくは焼酎ハイボール。ハイボールとはウイスキー炭酸ソーダ割のことで、戦後銀座のバーで大流行した飲み方。高価なウイスキーのかわりに安い甲類焼酎を使った庶民版が焼酎ハイボールだ。本家ウイスキーハイボールは水割りにとって代わられ、忘れられていたが最近また復活している。

酎ハイは甲類焼酎を使うところに妙味がある。ブームとなった乙類・本格焼酎はさつまいも、麦などの自然素材を醸す酒でいろんな個性があるのに対し、甲類は百パーセントのアルコールを水で薄めただけのもので、例えば四倍に薄めると二十五度の焼酎になる。どこのメーカーも全く同じ輸入原料を使い、中身も全く同じで無味無臭。化学的に百パーセントアルコールということは味を作る他の成分は完全にゼロ、またゼロでなければならない。全く味がないからレモン水など果汁風味やウーロン茶、はては梅干を入れたりして味のより所をつくる。

焼酎ハイボールは圧倒的に東京下町が本場で味もいい。焼酎は三重県の「亀甲宮《キッコーミヤ》焼酎」通称キンミヤが不動の人気だ。なぜか。百パーセントアルコールはどこも同じものだから、甲類焼酎の風味を分けるのは割り水で、純粋「H_2O」蒸留水を使えばこれまた同じになるから、天然水で差をつける。キンミヤは鈴鹿山系伏流水の超軟水で粒子が細かく、アルコールと柔らかくなじむのだそうだ。

酎ハイはその甲類焼酎を炭酸ソーダで割って飲むが、どこのソーダを使うかでまた味が決まる。下町の酎ハイがうまいのは千葉県松戸で作られる、ガス圧の強い「ニホンシトロン」を使うからだ。生産量が少ないので配達可能な下町近辺でしか飲めないとも言える。ウイスキーハイボールにはニホンシトロンは圧が強すぎて早く泡が消え、じっくり飲むには合わず、神戸六甲の天然硬水ウイルキンソンタンサンが最適とされる。酎ハイはじっくりではなく、ぐいぐい飲むものだ。

甲類焼酎も炭酸ソーダも無色透明なのに、下町ハイボールは薄く色がついている。これは「テンバ」を入れるからだ。この「秘密のエキス」を知るために私はあちこちで聞き込みをして、正しくは「天羽乃梅《てんばのうめ》」、台東区竜泉で作っていると知った。

というわけで、キンミヤ焼酎、ニホンシトロン、テンバが合体して、あのうまい下町ハイボールになる。おっと忘れた、薄いレモンスライス四分の一切れがアクセントに入る。

墨田区東向島の古い大衆酒場「岩金酒場《いわきんさかば》」はグラスのテンバ入り焼酎に炭酸は瓶で出し、自分で割る。二杯目は同じグラスにレモンスライス二枚目が入る。勘定の時レモンの数で何杯飲んだかがわかる。従って食べてはいけない(笑)。このやり方をする店は結構ある。墨田区八広「三祐酒場《さんゆうさかば》　八広店」の元祖ハイボールはたいへんソフトでおいしい。

焼酎ハイボールに合うのは、ずばり〈煮込み〉だ。もつ焼、煮込みには、それ自体でおいしいビールよりも酎ハイの、あまり表情のないドライな裸のアルコール感が合い、完成された組み合わせと言えよう。

山の手では目黒区祐天寺の「ばん」が元祖レモンサワーだ。「焼酎と氷のジョッキ、炭酸一瓶、生レモン一個、レモン搾り」のセットで届き、自分でレモンを搾り入れる。ここのもつ焼は最高だが、豚のテール(尾)を激辛に煮込んで豆腐を入れた〈トンビ豆腐〉のパワーは、酎ハイジョッキ軽く三杯は飲める。

たかがチューハイとあなどるなかれ。

居酒屋の鍋（一）

寒い冬は鍋に限る。しかし居酒屋で鍋は難しい。「？」とお思いでしょうがまあしばらく。

注文するとガス台にどんと大鍋を置き、山盛りの具が届いて、さあどうぞとなる。鍋といえども料理、手順も火加減もある。なんでもぶち込んで煮ればいいんだ、などは論外だ。そこで登場する鍋奉行。「まてまて、順番がある」と仕切り「さあこれ食べていいぞ、早く食え、あ、それまだ入れちゃダメ」とやかましく、素直に従っていてもやがて酒と話に関心が移り、忘れられた奉行は機嫌が悪くなる。

しかし彼のしていることは正しいのだ。鍋は具の煮え加減が大切で、ワンラウンドごとにきれいに鍋をさらい、おつゆだけに戻してツーラウンド。これを繰り返すのが肝要で、それゆえ管理者が必要となるのだが、自分の食べたいタイミングに食べられない不満はある。

つまり居酒屋の鍋は一人でやるに限る。鍋の魅力は言うまでもなく、自分で料理すること。一人ならば、自分の好きなものを好きな順に、煮え頃を見逃さず口に入れられる。楽しみにしていた牡蠣を他人に取られる心配もない。私ならばまず豆腐を入れ、ぐらりと揺れたらフーフーしてひと口。次いで春菊、これは濡らすだけでいい。活き海老があるな、入れると真っ赤になるぞ、ほらなった。次に本命の牡蠣を二個、このとき白菜の黄色い柔らかいところを少し入れよう、火加減を見てヨシ、後は煮えるのを待つばかりと、手酌した酒をツィー。いいですなあ冬の一人鍋。一人だから仕事がある方がいい。

そして居酒屋の鍋は簡単な、あくまで品書きの中の一つでいい。いつものように刺身をとり、鍋もちょっとつつくかという程度。さっと食べ終え「おう、かたづけてくれ、それと酒もう一本、タタミイワシもな」。これが酒飲みの粋、鍋を大げさな主役になんかしないのだ。

一番簡単は湯豆腐だ。東京の居酒屋の湯豆腐で最も好ましいのが根岸の「鍵屋」。ステンレス鍋に出汁昆布と豆腐、小さな鱈ひと欠け、青物は春菊一本、黄色い柚子皮ちょこん。そのシンプルが美しい。取碗の醤油は鰹節を利かせてあり、薬味葱は箱から好きなだけとって入れる。豆腐が終わると葱だけで飲む人もいる。

浅草の居酒屋「志婦や」の鍋は、鱈ちり、白子鍋、かき鍋、よせ鍋の四種。「一人前より承ります」がうれしい。〈鱈ちり〉は土鍋に出汁昆布、鱈と豆腐、青物は春菊と太葱、以上終わりとここもシンプルだ。

鱈と豆腐はよくなじみ、東京の居酒屋には昔から〈鱈豆腐〉という小鍋がある。タラは魚の臭みがなく、切身に残した黒い皮から出る旨みが豆腐をうまくする。月島の「岸田屋」にはまだ鱈豆腐があったはずだ。鱈は一般にマダラを使うが、私はスケトウダラが好きで、銀座の老舗居酒屋「樽平」はスケトウに似たヒゲタラ（ヨロイイタチウオ＝タラ科ではない）の〈ひげ鱈ちり〉がうまい。

しゃぶしゃぶも鍋といえるが、豚や牛肉のそれは居酒屋にはなじまない。新宿の大分郷土料理居酒屋「とど」は大分直送の関鯖をしゃぶしゃぶに、しかもビールでやる。初めて頼んだ時、鍋にいきなりビールをどばどばと入れて、コンロを点火するのに仰天したが、煮立ったビールにさっとくぐらせた鯖は、かすかな苦味がきいて夢中になった。関鯖でないと身が崩れてしまうのだそうだ。大分麦焼酎がぴったり合った。

居酒屋の鍋（二）

居酒屋の鍋は一人鍋に限ると書いたが、一人鍋の王国は秋田だ。秋田は昔から大人も子供も（ただし男児のみ）、〈きゃぶろ〉という一人ひと鍋で大人は酒を飲み、子供はご飯を食べる。本格なのは出汁の出る帆立の貝殻を鍋代わりに使う貝焼だ。

秋田市の名居酒屋「酒盃《しゅはい》」は、ハタハタとしょっつる（塩魚汁）、鯨と茄子、白魚とじゅんさい、イカのゴロ（わた）の四種の貝焼を味わえる。飛騨コンロにのせた浅い帆立貝殻の汁がぐつぐつしてきても、こぼれそうでこぼれないのが妙味だ。塩鯨（鯨脂の塩漬け）と茄子のコクのある味、冬の白魚とじゅんさいは白と緑が美しく、郷土の鍋を酒の肴に洗練させている。

繁華街・川反《かわばた》通りの居酒屋「北洲《ほくしゅう》」は〈イカ鍋〉がいい。土鍋のおつゆはイカわた入りの味噌仕立てに、さらにイカ塩辛を入れ、むせるように濃厚だ。具は輪切りの生イカに豆腐・春菊・えのき。素朴な迫力のおいしさに欠かせないのが「ひろこ」という香りとアクの強い浅葱《あさつき》だ。

能代の「酒蔵 千両」の〈身欠きニシン鍋〉は、身欠きニシン・豆腐・ひろこの薄い味噌味で、飾り気ないしみじみした味に体がほかほかに温まる。秋田の小鍋は地の食材を腹持ちよく食べさせ体も温める工夫で、どれも子供の頃から母に食べさせられていたというのがいい。

では東京を代表する鍋はというと〈ねぎま鍋〉ではないだろうか。江戸っ子はマグロ。マグロの切れっ端と太い千住葱をザクッと切って甘じょっぱい醬油味でさっと煮るだけ。丁寧に下拵《したごしら》えしてじっくり煮えるのを待つ、などとのんびりできない、いかにもせっかちな江戸っ子の鍋だ。

築地市場の至近、勝鬨の居酒屋「やまに」のねぎま鍋は、日本を代表するフランス料理の有名シェフも食べに来る。マグロと葱を主役に、豆腐・春菊・白菜・えのき。そぎ切りのマグロは濃赤に艶があり、関東の固い白葱は深い斜め切りだ。汁が煮えるとマグロはたちまち色が白く変わり、もう食べごろ。小椀におつゆをとり、まずマグロをハフハフ、葱をシャキシャキ。マグロは最高級、青森大間の尾の身を使うのが築地の意地。鉄の味のきいたマグロ赤身は温まるといっそうおいしいが、煮過ぎちゃいけない。残った野菜もさらってたちまちひと鍋を食べ終え「はいご馳走さん、さげて」。終わった鍋はさっとかたづけ燗酒をきゅー。江戸っ子の鍋の食い方はこうでなくちゃ。「やまに」は他に、たら白子、鯛ちり、牡蠣ちり、とらふぐちり、鮟鱇、鰯つみ入れ、と鍋が人気だ。

東京は牛肉も馬肉もどじょうも、何でも醤油でさっと煮て食べ、葱が欠かせない。北海道・東北は味噌、関東は醤油、関西は昆布出汁の上品な水炊きをポン酢で、九州は赤唐辛子をきかせた激辛鍋。鍋は土地を反映する。

千住大橋に〈イカ鍋〉を出す居酒屋があると聞き出かけた。駅近くの「ときわ」は暖簾も出さないうちから次々に客が来てイカ鍋を注文する。イカは一人前一尾。ステンレス鍋には包丁の入った生イカ一尾が堂々と横たわり、白ザク葱・豆腐・春菊・白菜・えのき・しめじの量も多い。おつゆは甘い醤油にイカわたの出汁がきき、イカも出汁を吸った野菜もしみじみおいしく、結構なボリュームを食べきった。千住で食べるイカ鍋は、東京にいて故郷を思うローカル感があり、秋田のイカ鍋を思い出した。

京・大阪鍋行脚（一）

鍋もいろいろだ。大皿に鯛、鱈、牡蠣、蛤、海老、蟹、豆腐、白滝、椎茸、えのき茸、葱、春菊、白菜などなどの山盛りに「うわぁ」と歓声が上がるが、じつはこの〈寄せ鍋〉が豪華に見えていちばんつまらない。あれこれ混ざり合った味は結局なにを食べたかわからず、最後に雑炊にしても、うすぼんやりした味だ。女性はチマチマいろんなものがいっぱい乗るお弁当や懐石を好むが、男はきっぱり一品、豆腐なら豆腐、蟹なら蟹をとことん味わい尽くすのを好む。余計な添え物は不要だ。

　というわけで鍋も然り、まして酒飲みは禁欲的でなければならん。

〈ねぎま鍋〉は鮪と太葱のみ。

〈かき鍋〉は牡蠣と三つ葉のみ。

〈はまぐり鍋〉は蛤と水菜のみ。

〈常夜鍋〉は豚とほうれん草のみ。

つまり主役と青物の組み合わせを小鍋で煮ながら楽しむ。もう一品入れるのなら豆腐。鍋の具は二種、多くとも三種までが限度だ。肝心は主役の殿様は一つという事。青物は補佐役、豆腐は出汁を吸う家老役。男は主従をはっきりさせるのだ。

池波正太郎は人気シリーズ『剣客商売』に、酒好き侍が食す慎ましくもうまそうな小鍋をいくつも登場させた。そんな鍋こそ居酒屋に合いそうだが案外にない。門前仲町の名居酒屋「浅七」の〈はまぐり鍋〉はよかったが、よい蛤が手に入らないとかでやめてしまった。

小鍋立の好きなおいらは、京・大阪の鍋行脚に出た。

京都白川・辰巳稲荷の小路の奥の奥、その名も「小鍋屋いさきち」は八席カウンターに電磁ヒーターが八つ埋め込まれ一人鍋ができる。刺身、ナマコなど品豊富な居酒屋だが名物は小鍋だ。その品は、ゆばなべ、鯛しゃぶ、かきなべ、雲子《くもこ》（鱈の白子）なべ、あさりと大根、しじみと大根、水菜と揚げ、白才菜と豚、三つ葉ときのこ、にらもやしと鶏（または豚）、じゃがいもと鶏（または豚）、きんぴらと鶏（または豚）。

「おお！」これこそ私の唱える「鍋の具は二品まで」ではないか。まずは〈あさりと大根〉からゆこう。これは確か『剣客商売』に登場した。

「そうです」ご主人が声をかけた。池波正太郎が書いている小鍋はすべて試し、これだけが残ったという。他のは食材の冷保存ができなかった時代の工夫で、新鮮素材が手に入る今は、よりおいしくできるそうだ。

直径十五センチほどの小鍋に大粒のアサリと千六本切り大根、彩りに三つ葉が散り、黄金色の出汁がたっぷり張られる。ほどなくふつふつ煮えてきて、パカッとアサリが貝を開けた。今だ。生温かいアサリをすくい、れんげでおつゆを足す。このおつゆがすばらしい出汁でうまい！　しんなりしてきた大根はシャキシャキとほの辛く、噛みごこち、味ともにアサリと大根は対照の妙ここに極まり、そう、小鍋は二品の取り合わせを楽しむものだ。竹筒の山椒がぴたりと風味を高める。

続いて〈水菜と油揚〉。おいしい出汁をたっぷり吸った薄揚のうまさよ。京都は日本でいちばん薄揚のうまいところ。薄揚の〈きざみうどん〉は京都うどんの代表的定番だ。我いわく「油揚に始まり油揚に終わる」。そして親の仇《かたき》のように山盛りの水菜をばりばりと。振った粉一味に、じんわり額が汗ばんできた。

「基本の出汁をしっかり取っておけば、あとは工夫で季節の材料を変えるだけ。たっぷり野菜もとれます」

主人の言う通りだ。鍋の真髄ここにありと感動する私は隣の二人連れがとった、さらに小さな鍋に目をむいた。

※門前仲町「浅七」は閉店しました。

京・大阪鍋行脚（二）

京都「小鍋屋いさきち」のカウンター隣のカップルのとった、直径十センチほどの極小土鍋に注目した。それは〈ブリ大根〉で、できあがっているのをその都度この小鍋でグラグラに煮て出す。小板に乗せた熱々の土鍋は焼き込まれて縁が黒焦げで、山盛り青葱に深紅の粉一味が盛大に振られる。よくこんなに小さい土鍋があるなと思うが、いや「小鍋」という概念があるからだと気づく。「真似します」と頼んだブリ大根のブリはアラではなく身だ。一回煮て大根に味がよく沁み、濃厚な艶のある旨みはやはり熱くなくちゃ。一人前でも小鍋にとり火で温めて出すからいい。そういう〈鍋〉もあるんだ。昔は電子レンジなんてなかった。冬の寒い京都はこれが心遣いなのだろう。よその居酒屋もこうしてくれないかなあ。

お隣はさらに〈牛スジ煮〉もとり、これまたグラグラ小鍋で、私の「うまそうだな視線」に気づき「少しいかがですか」と言ってくれて嬉しいがもちろん遠慮。

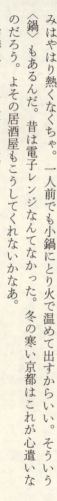

私の左は水もしたたる着物の芸妓さん二人連れ。若手が二の腕の袖を引きお姐さんに〈水菜と油揚〉の小鍋を取り分けて京都らしい眺めだ。

十三種もある小鍋の〈じゃがいもと鶏（または豚）〉は鶏か豚を選び、じゃがいもは拍子木。〈きんぴらと鶏（または豚）〉は牛蒡《ごぼう》の笹掻き。〈白才菜《はくさいな》と豚〉の白才菜は白菜ではなく京都の東で少量だけ作られる山東菜のことだそうで、いずれもたっぷり使う黄金色の出汁が決め手だ。いい店を知った。

木屋町三条のカウンター八席の小さな「絹《きぬ》や」に〈ブリのハリハリ鍋〉があった。ブリ切身をほうれん草・葱・エリンギ・白菜と水炊きのぽん酢で。脂の乗った天然ブリは、ぱあっと油玉が浮き、ぽん酢がよく合う。東京の鍋はあっさりしたタラをよく使うが、関西のこういう濃い旨みの魚もいいものだ。

続いて京都で今人気の「波波《なみなみ》」へ。「今日は宴会ですが、九時ころには皆さんお帰りでしょう」と言われ、十時を予約していた。

んが！　宴会男女二十名ほどが爆発的に盛り上がり誰も帰っていない。京都の人は静かに飲むというのはウソだ。ウソだが女性が賑やかにはしゃいでいるのはいいものだ。カウンターを空けてもらい着席。隣のホテルオークラとかの妙齢美女三人もノリノリで、飲むわ食べるわメチャ楽しそう。おいらも仲間に入れてくれないかなー。

目の前のガラスケースには津々浦々の魚が詰まり迫力だ。貼紙「幻の深海魚　ババァー」が目立つ。

「ババァーって何？」

店長答えていわく。産地は日本海美浜、目方一・五キロ、体長五十センチほどの平べたいタラのような魚で、正しくは〈タナカゲンゲ〉。下魚とされていたがTV番組「ズームイン!!朝！」で町おこしの一つに紹介されて見直された。通称の〈ババァー〉は顔がひしゃげているのでついたあだ名ではないかとのこと。

「食べ方は？」

「鍋です」

「おお、それそれ、それだよ」

カセットコンロの鍋は出汁が張られて葱・春菊・えのき・豆腐に〈ババァー〉ぶつ切りは湯通しで霜降りにしてある。固い骨をはずした味はタラに似て、黒皮と身の間のぬめりが野性的でうまく、最後の雑炊はコクがあり満腹となった。

かくして京都の居酒屋鍋行脚は終わり、大阪へ。

京・大阪鍋行脚（三）

東京でフグと鯨は高級だったり珍しかったりの扱いだが、大阪では一年中普通にある。道頓堀名物は「ずぼらや」の巨大なフグ提灯。大阪おでんは鯨で出汁をとるのが本格。居酒屋のフグや鯨も珍しいことではない。では一人鍋もあるだろうとやってきたのは法善寺横丁。

横丁入口近いビル二階の「桃酔《とうすい》」は、髭のマスターも、黙々と働く若い美人二人も白衣のシェフ調理着だ。品書きは造り、肉、魚、焼、卵などときれいに整理され見やすい。そのひとつに小鍋があった。

活とらふぐてっちり小鍋／ミンク鯨はりはり鍋皮入り／かのこ入りミンク鯨はりはり鍋／ミンク鯨さえずりはりはり鍋／薩摩黒豚はりはり鍋／かきとせりの土手鍋／いわしつみれと九条葱鍋／合鴨と下仁田葱鍋／薩摩地鶏と自然薯鍋／たら白子と牡蠣のおろし鍋

以上がさりげなく並び、関東と違い居酒屋の鍋は特別なものではないことがわかる。

注文した〈活とらふぐてっちり小鍋〉の野菜は、青い白菜に葛切りの入るのが関西らしく、煮えると半透明になる。〈青葱・もみじおろし・スダチ〉トリオとぽん酢のセットは関西から瀬戸内の鍋の基本だ。フグてっちりはもちろんうまく、楽しみの雑炊は後でとお願いする。

次は〈ミンク鯨はりはり鍋皮入り〉。赤い鯨肉と水菜に、皮とは黒皮つき脂のさらし鯨で〈おばいけ〉とも言い、このまま酢味噌でも食べる。ちなみに〈かのこ〉は霜降り肉、〈さえずり〉は舌。鍋には山椒が盛大に振られ、鯨と山椒は相性なのだろう。グラグラと脂がうっすら浮いてきて食べごろになった。出汁のおつゆを碗にすくう。

フー、あちち……

まず鯨。ウンこれだこれだ。鯨にしかないコクと深みにクラッとくる。鯨ダシのきいたおつゆと、それを吸った水菜のしゃきしゃきしたうまさ。鯨は水菜でなきゃダメ、葱も菊菜も合わん。うまい、こりゃうまい。食べ始めたら止まらず、ビールもしばし手が出ない。

東京に比べ大阪の鍋はしっかりとった出汁に、鯨やブリなど強い個性の味を重ねてさらにコクを出すようだ。であれば雑炊がうまくないわけがない。さきほどのフグ鍋と鯨鍋の二つの雑炊は、刻み海苔がたっぷり添えられて箸が止まらずゲフー。やはり大阪の鍋は一人前でも食い倒れさせられる。

この店は高知のウツボたたき、サロマ湖の生牡蠣、瀬戸内トコブシ醬油焼、ラ・フランスと生ハムのてんぷら、鯖棒寿司など全国のうまいもので大変充実している。キッチンも客席も清潔、私服のママさんは温かい感じのすてきな美人で、おしどり夫婦という旦那さんがうらやましい。また必ず来よう。

堀江の「恂《じゅん》さい」は白木を生かしたモダンな造り。迎える赤い半着物の女性は色っぽい。〈三元豚ときのこの鍋〉は原木椎茸・雪嶺茸・カモノキタケ・山伏茸・丹波しめじに菊菜と葱すこし。出汁のおつゆで煮えたきのこは色んな味が面白く、豚はむしろ脇役だ。着物にたすき、メガネが知的な若いマスターは岡山出身で、奨められた地元寄島港直送の牡蠣〈セルガキ〉の湯がきは、ぽん酢がよく合いお代わりしてしまった。

翌日、天満の「ひとり鍋 松」で食べた〈常夜鍋〉は豚とほうれん草のおなじみ。この二つはやはりベストマッチで、ほうれん草は根が入っているのがよい。この鍋もぽん酢が合う。京・大阪鍋行脚終了。関西鍋は出汁とぽん酢が決め手であった。

春は新酒

春よ来い。春は寒仕込みしたフレッシュな日本酒がいっせいに出回る時季。おいらの春は新酒にのってやってくる。担当編集のA君と神田の居酒屋「かんだ光壽《こうじゅ》」にやってきた。

武骨な板張り店内は古民具を飾り、机はテーブルクロスと、山小舎レストランの雰囲気だ。五年ほど前に来たが、内装が変わったようだ。マニフェスト然と「日本酒の魅力」が掲示され、玄関に「当店は日本酒を味わっていただく店です。バカ騒ぎはお断り……」の貼紙もあった。いいぞ、その気概。では肝心の酒はと品書きを見たA君が声をかけた。

「揃えはいかがですか」

「ウム……できる」

とりあえずビールにして、お通しはニシン煮、塩辛、鯛味噌、鮭マリネなど八種の小皿角盆+つみれ椀の豪華版。お椀の透明なおつゆはよく出汁がききニラがとてもおいしい。春のニラは季節の便りだ。一気に平らげ、いざスタート。まずは燗酒のおすすめを頼んでみよう。しばらくして錫ちろりを湯桶に沈めた燗酒セットが届いた。

「醸し人《かもびと》九平次《くへいじ》の〈ひとつきのあいだ〉です」

なぬ? 九平次は愛知の酒だが、ひと月の間に仕込んだのか。

「違います。火と月の間、つまり〈燗〉のことです」

へー。ではひと月、いや、ひと口。

ツイー……ぬる燗の春らしい優しい味がいい。

さあ本番。すべて燗でゆく。まず今評判の栃木の「大那《だいな》」から。

ツイー……麦焦がしのような香りが軽快だ。

「一週間前に届きました。去年は（米は）五百万石でしたが、今年は美山錦にしたそうです」

去年初めて飲んだ時は重厚な印象だったが、そうなのか。

次は生酒にしよう。はたしてこれを燗するか。

「御湖鶴《みこつる》〈純米うすにごり生〉を燗で」

「はい」こともなげに答える。なかなかやるな。昔はにごりや生酒の燗を頼むと、目を剝いて「できません」と宣《のたま》う半可通の店が多かったが。

ツイー……

「オオ!」いっせいに声が上った。柔らかく、軽く、ほんのり甘く、夢見るような幼い気品がある。

「雛祭り、女の節句」

「子供なのに色気、ロリータ」

「ちょっとツンとした所もある」

最後の発言は、担当者だけの取材は許さん、と一緒に来た編集長だ。無口だったのが初めて口を開き、女性観察の鋭さを示す。

「センセイ、これに合うつまみは」

「ウム、ずばり、イチゴじゃ」

「ははー(ロリコン趣味)」

カッコ内は多分そう思ったであろう。しかしイチゴではなく、編集長はチーズ味噌漬の信州味噌と八丁味噌の両方をとり、ぼそりと「八丁がいい」と呟く。

　店は満員で、カウンターではアラサーとおぼしき髪のきれいな黒スーツの女性二人が、すいすいと飲んでいる。隣はサラリーマンらしき男四人が飲み較べで賑やかだ。ここは予約しないと入れない人気店とA君が言う。日本酒ファンは増えたんだ。次はゴージャスに目下大評判の「磯自慢〈吟醸限定生原酒〉」といこう。

「……うまい」

ぬる燗四十度はあまりにもうまく、今度は声が出ない。よく飲む我々に店の主人が挨拶にみえた。

「いい店ですねえ」

「ありがとうございます」

文学青年のようだがカーレーサーで、ハウスブランド酒「作（ざく）」特別ラベルにその雄姿がある。

春を待つ宵。さらにがぶ飲みする三人であった。

春は煮魚

木偏に春と書いて「椿」。魚偏に「春」と書いて「鰆（サワラ）」。春告魚と書いて「ニシン」。居酒屋の魚に春がきた。

魚の春は温暖な瀬戸内からやってくる。今の時季は子持ちのイイダコ煮だ。八本の足をくるりと巻き上げたカワイイ奴の頭（ほんとうは胴）はイイ（飯＝子）がみっしり詰まり、ぎゅう詰めご飯のようだ。関西ではイイダコ煮は大切なもので、店は手を抜けない。一軒であれば大阪の名店「上《じょう》かん屋」を推薦しよう。ここのタコ桜煮はつねにある名品だが、春のイイダコはまた格別だ。

神戸あたりはこの時季になるとイカナゴの釘煮で夢中になる。ジャコのような小魚イカナゴを素人がキロ単位で買い、各家庭秘伝の炊き方で甘辛く煮る。いっぱい作り、親戚や遠方の子供たちの家庭に送るのが春のおばあちゃんの楽しみな仕事だ。時季になると新幹線新神戸駅には特設のスタンド売りが出る。

サワラは瀬戸内の魚で、岡山では特に珍重して、サワラ、サワラと大騒ぎになる。サワラだけは岡山で浜値が決まるそうだ。ほんのりピンクの身はソフトで味は濃厚。刺身、かるく炙るたたき、ばら寿司の主役に活躍するが、関東ではあまり人気がなく、もっぱら粕漬け、味噌漬けになってしまう。

サワラを味わうなら岡山の「美《び》禄《ろく》表《おもて》町《ちょう》ころく」がいい。古い風情のある、旧名「鐘撞き通り」の小さなカウンター割烹は実力の店主が太い黒縁メガネで迎える。料理修業できたえた味はなにを頼んでも間違いなく、サワラは刺身、たたき、焼き、とお好み次第。今なら春だけの〈ベイカ〉（子持ちの小さなイカ）の生が食べられればラッキー。足が早く（傷みが早く）、朝獲れをその日のうちにいただくのが限度だ。

若い春告魚（ニシン）はほんとうにうまい。まだ脂がきれいで塩焼きの焦げが香ばしく、とろーりとした白いハラコがたまらない。これだけは仕入れによるので、居酒屋で見つけたら必ず注文を。別名は〈カド〉。山形や弘前の花見は〈カド焼き〉といって野外に炭火を持ち出し、もうもうと焼いて桜を愛でる。長い冬があけた喜びに桜とニシンがセットだ。

さて、春の魚の私の真打ちは〈メバル〉だ。骨離れのよいこの魚は煮付が最高だ。

居酒屋で煮魚は大物料理だ。一尾を支度し、煮る間はじっと見て、姿くずさず盛りつけるのは気を抜けない料理人の腕の見せ所だ。

下北沢の「楽味《らくみ》」は、傷まないように尾にホイルを巻いて酒で洗い、霜降りに湯通しし、身をきれいにして鍋にとり、水、醬油、酒、砂糖少々で煮ながら味をつけてゆく。その間は鍋を斜めにしてひっきりなしに煮汁をかけまわし、時折指を突っ込んで味を確かめる。絶対に焦がさないことが条件だ。

一発勝負の全神経をかけた煮魚は、今度は食べる側の腕の（箸の）見せ所だ。丹念に身をはずし、皿の端に小骨の山を築いてゆく。魚一尾まるごとのおいしい煮汁をたっぷり吸った青物（分葱、絹さやなど）、豆腐、えのき茸などの付け合わせがまたおいしい。つついている間は酒もストップ。きれいに食べ尽くし、主人にホラと皿を見せれば満足の笑みが返ってくる。煮魚をきれいに食べられるのが大人の礼儀ですぞ。

瀬戸内の海に隣りあう紀伊水道は鮮魚の宝庫。和歌山の煮魚は醬油本位でどこもおいしく、今ならハゲ（カワハギ）もいい。食べさせる居酒屋は「千里十里《ちりとり》」「長久酒場《ちょうきゅうさかば》」が絶対のおすすめだ。

※岡山「美禄表町ころく」は閉店しました。

春は筍

「タケノコ食ったか！」が筍フリークの春の合言葉。おいらは食いました。神戸で。

北野の居酒屋「旬菜《しゅんさい》 炉山《ろざん》」は、モダン民芸調の品のよい小さな店。大きな机には女性客七人がにぎやかだ。ひとりのおいらはカウンター。花瓶の桃の枝花が春を告げ、坊主頭のまだ若い板前の笑顔が爽やかだ。品書きに〈竹の子木の芽焼〉をみつけた。

「タケノコ出たねー、どこ?」

「はい、福岡です」

筍収穫は鹿児島、福岡、徳島と進み、本場京都で山場となり、静岡、東京へと上ってゆく。世にはタケノコマニアがいて、春が来るとむずむず、車を駆って竹林に筍掘りにゆく。まだ地表に顔を出さないくらいの若いのを掘り起こした刺身がうまいというが、おいらはまだ知らない。中には、上で焚き火してから掘り出すのが最高の焼き筍だと豪語する人もいる。ほんまかいな。

届いた〈竹の子木の芽焼〉はてっぺんの破竹（穂先）部分を二つ割して皮からはずし、軽く炙って皮に戻し、緑の木の芽山椒を散らす上品なしつらえ。木の芽は筍に欠かせない付き物だ。添えたカブ漬けの桃色が春らしい。

カプリ。

うん、これこれ。このエグ味のある香りこそ筍。筍の香りだけは筍でしか味わえない。穂先は柔らかく、根元はサクサク。歯ごたえがまた楽しませる。

お通し〈ホタルイカと菜の花のぬた〉こそ春のもの。〈メバル煮付〉の付け合わせは、牛蒡・豆腐・白髪葱たっぷりに、緑あざやかなスナップえんどうが若々しく、どちらも春を満喫した。

続いて京都三条小橋の「めなみ」。着物に白割烹着の美人若おかみは顔なじみ。

「おいでやす」

「まだ寒いですね」

「そうおすなぁ」

会話だけでうれしいのが京都の居酒屋。白木カウンターに座り、独特の長ーく伸ばして書いた品書き黒板を見ると、おお〈若竹椀〉だ。

筍・新若布・木の芽の若竹椀こそ海山の春。単純にみせて、しっかりした出汁が要の板前勝負どころのお椀だ。

すうー……

うまいですなあ。透明なおつゆに薄切り筍と若布がただよい緑の木の芽が浮く椀は、筍の代表料理だ。きりりとした眼差しの若い板前の腕は冴えている。

次は東京築地「魚惣《うおそう》」。

「タケノコ、出た？」

「はい」主人が莞爾と笑う。ぬる燗をやりながら待つことしばし。そのうち奥から、筍を焼くいい匂いがぷうんと漂ってきた。

ここのは破竹の四つ割を豪快に皮ごと焼いて皿に隆々と立て、根元に黒茶色のきゃらぶき煮を置き、木の芽を筍にくっつける。その盛りつけは大地から顔を出した筍の生命力を感じさせて力強い。

そう、春の筍を尊ぶのは、そのぐんぐん伸びてゆく命の勢いへの畏敬だ。早春の山に入ると樹々や草花の芽吹きの「気」が人間にもうつり、精神も体も若々しくさせて、その年は病気をしないと言われる。これは本当で、小生も早春の奥多摩や大菩薩峠を歩き、日ごろのストレスも疲れのたまっていた体も驚くほどリフレッシュ、というより本当に命がよみがえったと感じる体験を何度もした。

今年もゆきたい。

※築地「魚惣」は閉店しました。

中央線、文士の居酒屋（一）

中野↓高円寺↓阿佐ヶ谷↓荻窪↓西荻窪↓吉祥寺。新宿から西に延びる中央線沿線は戦後、井伏鱒二ら文士が住み始め、上林暁、木山捷平、青柳瑞穂、伊馬春部、外村繁、巖谷大四ら文学者の交流の場としてつくられた「阿佐ヶ谷会」はおよそ三十年も続いたという。文士の交流といえば居酒屋。今はどうだろうか。

阿佐ヶ谷駅北口。延々と飲み屋の続くスターロードが鉤の手に折れ、住宅街にかわったあたりに、夕方ぞろりと長い紺暖簾が出るのが看板のない居酒屋「可《か》わら」だ。

「こんちは」

「お、いらっしゃい。先日はご本をありがとうございます」

小学館文庫から出していただいた新刊『シネマ大吟醸』のことだ。今日は当連載の挿絵を描く女性イラストレーター杉山さんも一緒で、おいらは初対面。

「今ごろ初めましてじゃ、いけないいんですが」

「いえいえ、主人がよろしくと言ってました」

ご主人がいるんだ。

可わらは今年で二十七年。開店から何も変えていない店内は古色蒼然として、裸電球に土を踏み固めた本物の三和土《たたき》のひんやりした空気がいい。重ね貼りした品書きビラは茶色に変色し、今日は何があるかもよくわからない。ガス台ひとつ、古い燗つけ器の脇に徳利とちろりを置いただけのまことに簡単な居酒屋は、脱サラという主人の自分のための居場所のようだ。洋材のカウンターだけは立派で、並ぶ骨董品大皿にはコンニャク、豆、ごぼう、椎茸などが載る。カブ煮物の大鉢は壮烈に欠けてるのを平気で使っているのがいい。「しぶいお店ですねえ」杉山さんが目を見張る。

春、桜も散っていい気候になってきた。開け放した玄関の長暖簾から洩れる外の光もまだ明るい。外は車の入らない小路で、道行く人の足だけが見える。携帯で話しながら行く人の声が聞こえる。こうして外の様子を半身に見ながら飲むのが大好きだ。

この季節はぬる燗がいちばん。どうぞお好みをと四角盆に並べた盃は、おいら好みの古風で小さい磁器ものばかり。皆が手に取るものだからあれこれ触ってはいけない。

「ウーム」と呻吟して選んだのは、縁は竹、組んだ松葉に梅花の松竹梅藍染め小ぶり。兵庫「竹泉」のぬる燗に合いそうだ。

ツイー……

「おいしそうに飲みますねえ」

杉山さんに興味津々に見られて飲むのは珍獣になった気分、まあおひとつと奨めると彼女は大きな盃を選んだ。お選びの肴は春の便りの〈桜えび〉でお似合い。おいらは好物の煮魚〈かすべ〉。軟骨がこりこりとおいしく、たっぷり煮汁を吸った春菊がまたいい。春の菊、ここにも春がある。

「可わら」は、作家の村松友視さんが時々来られると聞いて興味を持った。ここでお会いしたことはないが、あるパーティでご挨拶したとき、その話をすると「ああ、あそこはいい」とにっこりされた。銀座文壇バーの似合うダンディな作家が、このひっそりした隠れ家のような居酒屋で白髪の主人相手に飲んでいるのは絵になる。私は昔から、市井《しせい》の居酒屋で一杯やる文士にあこがれていた。

「太田さんの飲んでる姿は絵になりますねー」

女性イラストレーターに言われて満更でもない。

中央線の春の宵。文士気取りで一杯、お相手は挿絵をいただく美人女性。ワルくない気分でした。

※阿佐ヶ谷「可わら」は閉店しました。

中央線、文士の居酒屋（二）

居酒屋を舞台に取り入れた小説では、二〇〇一年に発表された川上弘美さんの『センセイの鞄』が白眉だろう。恩師の国語教師と、婚期をのがしつつある四十ちかい女性の恋を清冽に描いた物語は、女性のみならず多くの読者を魅了した。おいらもその一人。本を読まない自分が珍しくひと晩、一気に読了した感動を忘れない。

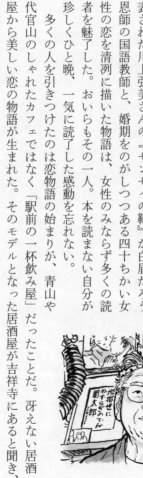

多くの人を引きつけたのは恋物語の始まりが、青山や代官山のしゃれたカフェではなく「駅前の一杯飲み屋」だったことだ。冴えない居酒屋から美しい恋の物語が生まれた。そのモデルとなった居酒屋が吉祥寺にあると聞き、訪ねてきた。

「闇太郎《やみたろう》」は吉祥寺駅北口からかなり遠く、五日市街道に面してぽつんとある。名前の通り夜七時から深夜二時まで。店の前をヘッドライトを光らせたトラックがびゅんびゅんと走り抜ける。

L字カウンターの小さな店内。主人は若くはないが、額《ひたい》にきりりと巻いた豆絞りが、今夜も仕事の始まりという気合を感じさせる。壁には品書きビラが整然と貼られ、小黒板には本日の魚。「闇太郎自家製らっきょう漬、ぬか漬をご賞味ください」の貼紙も主人の律義さがわかる。カウンター角はおでんの槽《ふね》。まず万全の居酒屋の構えだ。

「ビール、天然ぶり刺、それとらっきょう」

「はい、わかりました」

手を動かしながらもきちんと返事が返り気持ちがよい主人は眼光がある。瓢簞、打出の小槌、古銭、ミニ自在鉤がぶら下がるのは客の土産だろうか。「酒場闇太郎様」として、陣笠を背に貧乏徳利を提げた狸の飄逸な絵がいい。ビールを燗酒にかえて、聞きたいことを切り出した。

「ここは『センセイの鞄』のモデルの店ですか」

「そうだよ」

案外あっさりと認めた。川上さんは初めて店を訪れた時に、主人に小説を書いていますと話し、主人はデビュー作『神様』、芥川賞受賞作『蛇を踏む』を読んでいてすぐ話が通じた。一時期は集中的に週に二、三度も訪れ、やがて一冊の本を手に「これは闇太郎のことです」と渡したそうだ。

「でも、うちのことを書いたんじゃないよ、あれは文学、うちはただの居酒屋」と主人がはげしく強調するところがいい。

うちはただの居酒屋。そう言えばそうだ。特別な酒や肴があるわけでなく、内装もありきたり。場所も繁華街をはずれた街道沿いの、およそ雑誌などに紹介されない居酒屋だ。

しかし、だから文学の舞台になると翻然と気がついた。平凡なものに本質がある。平凡が徹底すると非凡になる。さすがに文学者の観察は鋭い。センセイの注文「まぐろ納豆、蓮根のきんぴら、塩らっきょう」が自分の好みと似ていることから始まった物語。これが「大間の本まぐろとアボガドのタルタル風バルサミコ酢」では文学にならない。

自家製らっきょう漬をカリカリやり、燗酒をふくむとじんわりと文学の機運が高まってきた。川上さんは好物という〈オクラきざみ〉を肴に盃を重ねて構想を練ったのだろうか。作家がイメージを醸成する現場にいるライブ感が、おいらを酔わせる。

「ここは何年になりますか」

「三十一歳で始めて、今年で三十七年」

見せてもらった朝日新聞切り抜きは、開店二十五周年に常連が作った文集を紹介した記事で、「居酒屋とは、人間が人間的になる再生の場」という主人の言葉も紹介している。

——その通りだ。そして文学が生まれる。

銀座バー入門（一）

銀座のタウン誌「銀座百点」のおいらの連載が『愉楽の銀座酒場』という本になったので、今回は銀座のバーについて。

皆さんはバーになじんでいますか。この場合のバーはカクテルを出す本格バー（オーセンティックバー／ショットバー）のことで、カウンターでバーテンダーの作る酒を飲む、女性バーテンダーはいてもサービスの女性はいない店のことだ。最近は一品料理を置く店もあるが、基本的にバーにはつまみはなく、酒だけを楽しむ。厳格なバーはビールもない。

バー初心者の難題は「何にいたしましょうか」と聞かれても注文が思いつかないところだ。メニューを置くバーは少ない。「ウイスキー」と言っても「ウイスキーは何にしますか？」と重ねられて窮する。うろ覚えで「マッカラム」などと言うが「マッカラムの何に？（何年もの）」と追及され「えと、12年」。腹の中は「高いんじゃない

だろうな」と不安だ。追及はまだ終わらず「飲み方はどうしますか?」と聞かれる。ようやく出てきてもグラスにほんの少しで「えい」と飲めば一口だ。空のグラスを前に身の置き所がない。ああ、やっぱりバーは堅苦しいとなる。

おいらは「ただ注ぐだけ」のウイスキーやブランデーよりも、バーテンダーの腕の見せ所であるカクテルを飲む。それには入る前に何を飲むか決めておく。基本は三杯。一杯めはロングドリンク、二杯めはショート、三杯めは何か変わったものだ。ロングドリンクとは酒をソーダやジュースで割り、背の高いグラスでぐいと飲む。ショートはカクテルグラスを使い、シェイクやステアの技を見られ、ちびちび飲む。

おいらの一杯めは「ジントニック」。初めての客はバーテンダーも緊張しているから、最も簡単なもので気を楽にさせる。しかしジントニックは店によりさまざまに違い、これが楽しみだ。

二杯めは聞こえよがしに「さて、作ってもらおうかな」と独り言をつぶやいて「今のは小手調べ、今度が本番」と威圧し、例えば「ホワイトレディ」だ。注文を受けたバーテンダーは「かしこまりました」とボトルやシェイカーに手を伸ばす。作り始めると一部始終を黙って注視する。客の見る前で、いつものことをいつものようにできる胆力がバーテンダーの要件だ。調合が整い、さあ横立ちしてシェイク開始、バーの最も華やかな瞬間だ。

シャクシャク……

ふむ、肘のよく張ったバタフライシェイク。

キンキンキン……

氷をシェイカーに当てて金属音の演出だな。

ガシガシガシ……

ハードシェイク、氷の細片がグラスに浮くことだろう。

終わるや否や、シェイカーをガシャガシャと振ってカクテルグラスに注ぎ、「どうぞ」と差し出す。手に取り、しばらく高く上げて観察し、おもむろにひと口ふくむ。

「うまい」

バーテンダーは破顔一笑。これで気がラクになる（お互いに）。

何をかしこまっとるんじゃい、とお思いかもしれないが、これこそがバーの醍醐味で、バーテンダーを緊張させるのがうまいカクテルを飲むコツだ。

銀座にバーは山のようにあるが、まずは気軽なパブリックバーでありながら、本格バーの格と基本をしっかり守る名バー「ブリック」を奨めよう。こうして三杯飲めばあなたの銀座バー入門は終わりです。

銀座バー入門（二）

バーでカクテルを飲みたいが、最初にして最大の難点は「何にいたしましょう」と言われて、とっさに思いつかないことだ。知ってるのは「ドライマティーニ」だけで、いつもこれになってしまう。魅惑のカクテルにはもっといろいろあるはずだが、本格バーほどメニューを置かず、あっても名前だけでは中身がわからない。聞けばよいが三つも四つもは聞けない（私はメニューは置くべきだと思っています）。

「お好みを言ってくだされればお作りします」と言う店も多いが、何が好みか自分でもわからない。有り体に言えば「すっきりして、ちょっと強くて、安いの」か（多分ギムレットが出ます）。

逆に良くないのは知ったかぶり。「フランシス・アルバートって知ってる?」」。プロに挑戦し自分はカクテルに詳しいんだぞと誇示する。これはフランク・シナトラをイ

メージしたあるバーテンダー（青山の名バー「ラジオ」の尾崎さん）のオリジナルで、その人が作れば意味があるが、他のバーではやらない。蕎麦屋に入り「ベトナム蕎麦って知ってる？」と言い出すようなもので、得意げに「生春巻をあんかけにして、かけそばに……」と説明を始める（普通そんなものありませんって）。蕎麦屋は目を白黒、バーテンダーは腹の中で「ははあ素人の自慢だな」と思うだけだ。

最も良くないのは二人連れで来て「彼女のイメージで何か作って」という注文。そんなことを言われても困るが、バーテンダーはソツなく格好をつけ、ウオッカにフレッシュジュースとソーダを入れ、何か飾って一丁上がり。「華やかな気品です」とか言えば「わぁ」と喜ぶ。まあ喜ばれればいいけれど。男は「オレのイメージで作ってくれ」とは言えない（言ったらスゴイ）。

つべこべ知らないことを糊塗するのではなく、明確に注文するのが一番スマート。「ぼくはジントニック、彼女はマルガリータ」。これでいい。

注文はどこで頼んでも必ずあるスタンダードカクテルが一番だ。いきなり「何かオリジナルを」と言う人もいるが、思いつかないので相手まかせにしているだけで、飲んでもどこがオリジナルかわからない。「珍しいものを」もあまり感心しない。基礎を知らなければ珍しさがわからない。

カクテルを楽しむには勉強だ。ジントニック、ホワイトレディ、マンハッタン、サイドカー、マルガリータ。この五種が基本。ギムレット、モスコミュール、カンパリオレンジを加えれば八種。と言っても忘れているから、例えば「マンハッタン（ウイスキー・スイートベルモット・アロマチックビター）」と名刺くらいの紙にメモして常に持ち歩き、カウンターでそっと見て選ぶ。つまり「アンチョコ」。おいらは今でも持ち歩き、これを飲んでみようと経験を増やしている。

同じものを繰りかえし飲むことでそのカクテルが判ってくる。スタンダードはバーテンダーも作り慣れて完成度が高く、個性（解釈）も出る。おいらはジントニックはおそらく千杯以上は飲んでいるだろう。マンハッタンは五年ほど飲み続けて飽き、ホワイトレディも五年は飲み続け、今はネグローニに凝っている。

バーとの付き合いは長い楽しみだ。ひとつひとつ好きなものを増やしてゆけばあなたもバーの達人だ。銀座ならば、銀座を代表する「テンダー」、古典派の「ルパン」、実力派「スタアバー」あたりは最高の学校だろう。

中央線の居酒屋（一）

「中央線、文士の居酒屋」では文士ゆかりの店を書いたが、中央線は個性的な居酒屋がそろっている。まずは吉祥寺。

吉祥寺の居酒屋といえば、まずは駅交差点すぐ近くの焼鳥「いせや総本店」だ。昭和二十八年築の木造総二階一軒家。瓦屋根の軒下はずらりと赤提灯が下がり、昼十二時から夜十時までぶっ続けの営業。立ち飲み、机、二階座敷と常時満員で、持ち帰りの列もできる。家全体のあちこちから焼鳥の煙をもうもうと吐き出し続ける光景は、吉祥寺名物として知らぬ人はない。

正確には「なかった」。老朽建て直しで、ファンに惜しまれながら二〇〇六年九月に閉店。井の頭公園店は続いていたから、その間行き場所がないわけではなかったが。二年後、昨年九月の新装開店はなんと十四階建てのビル。しかし一、二階は木造瓦屋根も残して、かつての雰囲気を再現。メニューも変わらずファンを安堵させた。

おいらは道路の欅《けやき》並木をわたる風を背に受けた立ち飲みカウンターという特等席だ。目の前には生の焼鳥串刺し大皿がずらりと並び、四人が必死に炭火で焼いている。白い上っ張りは早くも汚れ、首タオルがお約束。一人は煙対策に目にゴーグルをかけ、手を止める暇はまったくなさそうだ。しかし耳は働き注文はすぐに通る。「瓶ビール、カシラ、ハツ、レバー各一本、タレ」「はい」。すぐにビール瓶とコップがどんと置かれ、伝票に書き込み、手はすぐに再び焼台へ。こちらはビールをぐびぐびやって待っていればよい。大勢の従業員はてきぱき働く。

土曜の夕方四時に奥のテーブル席も二階も相席に詰め合って超満員だ。一人者、男同士、夫婦、夫婦同士など客幅はじつに広く、山の手らしくカジュアルにしゃれた中高年男に白いパナマ帽が目立つのは流行か。おいらの隣に立つ若い男二人は、黒のランニングに筋肉隆々の胸板が厚く、競輪の選手という。

「ここ、よく来るの？」

「いえ初めて、いい店ですねー」

各地を転戦しているが、レース規約で宿舎に缶詰めが定められ、飲みに出ることはできず、今日は久しぶりと嬉しそうだ。男同士の気安さでおいらとビールを注ぎ合う。

焼鳥はすべて一本八十円、家伝のタレがうまい。市民の誰もが気楽に入ってゆける店がすばらしい。

次は北口の「ＭＡＲＵ」。地下に降り、履物を脱いで板の間に上がる広めの店内は、要所に切り石を使い、高い天井から下がるペンダントライトが雰囲気を作る。開店して二十三年、吉祥寺で落ち着いて飲める居酒屋としてすっかり定着した。五時をすぎてやってくるカップル、女性同士は美人が多く、カウンターのおいらは後ろの席が気になって仕方がない。

日本酒が充実し、会津娘、乾坤一、伯楽星など定評高い二十五種ほどのほかに、限定季節ものとして島根の「高津川」があるのはえらい。鮎で知られる、水質日本一お墨付きの高津川に名をとった〝水のうまい〟酒だ。〈葉わさびと鮪のづけ〉〈九条葱と蛤のぬた〉〈健美鶏と新筍の山椒焼〉を注文。〈枝豆焼〉は若干の焦げ風味がついた枝豆に、焼けた粗塩がダイナミックだ。

「お酒、次は何にいたしましょうか」。法被《はっぴ》姿で小腰をかがめた女性店員は美人のうえに、必ずにっこりしてくれ、おいらは後ろを見る必要がなくなった。

町のシンボルの「いせや総本店」、しっとりと飲む「ＭＡＲＵ」。吉祥寺は市民生活のある町としての成熟を感じる。

中央線の居酒屋（二）

作家・井伏鱒二が『荻窪風土記』を書いた荻窪は文化度の高い住宅地だ。西荻窪駅北口の「高井」は、駅前商店の続く細い路地が住宅地に変わるあたり。六時開店に暖簾はまだ出ていないがのぞくと「あ、いいですよ」。若いおかみさんは悠然と外の野花に水をやり、花の形も直して店に戻った。

まずは生ビールをきゅー。照り艶のよい〈新じゃが豚バラ煮〉がうまい。ここの主人・高井さんは西荻窪南口の名物居酒屋「はるばる亭」の無口な常連だったが、その店主に人柄を見込まれ懇願されて店を預かり十五年ほど続け、六年前に自分の店「高井」を開いた。その後「はるばる亭」はなくなったが、名物料理のこれは残ったというわけだ。

「ご主人はまだ来ないの？」「今日は休みです」

なんだ、会いたかったが。今は奥さんと交代でやっているそうだ。

「じゃ、休みの日は飲みに出れるんだ」「そんなのだめよー」

妻に働かせて飲みに出るのは禁止とか。へー、夫婦対等は中央線ニューファミリーらしいな。

ゆるくカーブしたカウンター、荒壁、展覧会案内や本の机。紫陽花、向日葵、牡丹など至る所に置いた花はみな違い、空き瓶や古徳利などに挿しているのがいい。日本酒も充実し、籠の盃はおいら好みの昔の大衆品。奥さんはチェックの割烹着に頭の朱色手拭いの巻き方が独特だ。お通しのつけ揚げを誉めると、手を兎のように丸くしてうれし泣きのポーズ。入ってきた常連らしい若い会社員に、大げさに「おかえりー」と平伏する。なんかマイペースで楽しい人だ。勤め帰りのカップルがビールをうまそうに飲む。つまんない残業なんかしないでさっさとここに来て自分の時間。店のまったりと力抜けした空気がいい。若い男は上着を脱いで読書を始めた。

同じ北口の「さかなや晴レ」はビルの二階。ま新しくすっきりしたモダン和風のカウンターに、丸太火鉢にのせた南部鉄瓶がいい。燗酒の錫ちろりは彫刻つきの骨董品で、思わず「いいもの使ってるねえ」と声が出る。西荻窪は古道具屋が多く格安で入手した。盃も鉄瓶もそうで、店はインテリアだけ作ったら、良い道具は地元で自然に集まったそうだ。

手拭い巻きに青い作務衣の若主人に見覚えがある。

「ここを開く前どこかにいた？」

「代々木上原の『青』です」

「そこで会ってるよ」

主人は顔を上げしばらく見た。

「『長珍』を注文した方ですか？」「そうだよ、そうそう」

バカなおいらだが飲んだ酒は覚えている。「青」で修業して四年前にここを開いたそうだ。

〈カツオのづけの長芋和え〉は木箱のカツオを刺身に引いてづけにして、その間に山芋の準備。鍋つかみのヤットコをくるりとひっくり返す技をちらりと発揮。若奥さんと二人、とてもよい店との出合いが嬉しかった。

荻窪の「いちべえ」は中央線随一の名酒のデパートのような名店だが、通の間では美女の来る店と知られている！ と言うのは毎週更新されるホームページの、一升瓶を抱いてにっこりする「今週の美女」が人気だ。主人がこれぞと思う方に写真を撮ってよいかとお願いすると、飲んでいる気分もあって、皆こころよく応じてくれ、お礼に一杯サービスする。ほろ酔い美女ほどよいものはない。中央線居酒屋の特徴の一つは女子会が多いこと。今日も今、すごい美人が帰って行き、残念と目で追うおいらが浅ましい。

※西荻窪「さかなや晴レ」は閉店しました。

中央線の居酒屋（三）

「中央線面白そうですね、ぼくも連れてってください」

編集部A君の申し出を快諾。今回の阿佐ケ谷は中央線最大の飲み屋街で、燗酒の名店「善知鳥《うとう》」、文学好みの「可わら」はすでに取り上げた。しかしまだまだある。

「まあついてきなさい」と阿佐ケ谷スターロードへ。三年前にできた「燗酒屋《かんざけや》」は、小さなカウンターに立つ着物に白割烹着のしっとりした美人おかみが評判だ。

「太田さん、白割烹着好きですね」

「ウム、期待してよい」

ところが玄関に〈七、八月の土曜は休ませていただきます〉の貼紙。

あちゃー。今日は土曜、これは想定外だったな。大丈夫、次は考えてある。南口中杉通り少し先の「志《し》ノ蔵《くら》」も開店五年ほどだが、良心的な酒揃えと名古屋コーチン、直送野菜にこだわった清潔な店だ。

「あ、太田さん、久しぶりです」

店主はもじもじ。実は少し前から予約のみの鶏鍋専門料理屋に変えたとか。仕方なく外へ。

「……」

A君の顔に困惑が見える。

さて困ったが、「そうだ、鳥久《とりきゅう》がある!」阿佐ケ谷で焼鳥実力ナンバーワンと定評高い、これはいい店を思い出した。再び北口へとって返す。足はもはや小走りだ。

「こんばんは、おッ!」

小さな店内は小上がりまで超・超満員。親父がすまなさそうに顔の前で「ごめん」と手を立てる。

「…………」

A君の顔に落胆が見える。

あてがなくなった。「あそこでも行ってみるか」。敗北感と空腹をかかえた二人は、とぼとぼとガード沿いの小路に入っていった。

この通りは初めてだ。すずらん灯に「あかるい町一番街」とあるがその灯り自体が暗く、淋しげに居酒屋、パブが続き、韓国、ガーナ料理、アメリカ南部のバーなど外国系も多い。会話もなく歩いたどん詰まり、白看板「吟雅《ぎんが》」に〈酒は純米、燗ならお良し〉とあるのは日本酒の指導者・故上原浩先生の名言だ。

おそるおそる入ると日本酒バーらしく、黒一色の店内に赤茶色のカウンターが目立つ。グレーTシャツに黒エプロンの髭のマスターは落ち着いた知的な雰囲気、小さく流れる音楽はベートーベンだ。

酒の品書きに目を見張った。「竹鶴」「宗玄」「悦凱陣」「秋鹿」「不老泉」など各銘柄に、三種ほどずつ吟醸など品違いを揃え、実力ドリームチームのごとし。「どの酒もお燗します」がいい。料理品書きは表が和風の品、裏が洋風の品とてらいなく、気のきいたものばかりが並ぶ。さて。

「諏訪泉純米富田山田錦」常温のなめらかな旨さ。小さな五杓徳利は陶芸家・濱村祐子さんの作品という。

「うまいですねー」

「長珍純米」に顔をほころばすA君の顔に安堵が見える。おいらのを一杯注ぐと「あ、違う、これもいい」と目が輝く。つまみ〈焼ネギ味噌〉が香ばしい。

マスターは純米無濾過生酒にはまり、好みは濃醇系。

壁に飾る、一升瓶と徳利盃を描いた子供の絵に〈ぎんがさんへ9月29日〉と入るのは、時々客のお母さんと来る七歳のあかねちゃん作。トイレの紫陽花の絵もすばらしく、こういうものに感動するマスターの感性も素敵だ。

大好きな酒「田中農場」と〈能登産白魚の塩辛〉の組み合わせは官能ここに極まり、マスター、A君、おいらの三人は笑いあった。

「いい店でした、さすがは太田さん」

「まあな」

虚勢を張ったが偶然。でも胸には達成感、腹はぺこぺこ。「次はまかせてくださ

い」とA君に連れられ高円寺の沖縄居酒屋「きよ香《か》」へ。オリオンビールで島らっき

ょう、ソーミンチャンプルー、ナーベラ味噌炒めと食べまくり、ひと息つく。

「良い居酒屋に当たる確率は二割五分。太田さんの説がわかりました」

「まあな」

脇腹に冷や汗を感じて泡盛に切り替えましたとさ。

※阿佐ヶ谷「吟雅」は閉店しました。

中央線の居酒屋（四）

中央線居酒屋巡りも新宿が近くなってきた。中野は北ロサンモール商店街の右が一大居酒屋ゾーンで、開店午後二時の「第二《だいに》力《ちから》酒蔵《しゅぞう》」は中央線で知らぬ者のない名居酒屋。カウンター、二人、四人、十人の様々な大小の机、入れ込み小上り、掘りこたつ、座敷、二階大広間まであらゆる客を飲み込む。

カウンター上を一周してはみ出す品書きの数に圧倒される。季節の魚でないものはなく、焼物、煮物、揚物と、白衣の板前十人がてきぱき働く姿は誠に頼りになり、客は独り者からカップル、リタイア、老夫婦まで、ここほど健全な居酒屋はない。膨大な品書きから一品選べと言われたら、おいらは鰹のたたきの〈鰹ぽん酢〉。まあ、損はさせません。

少し先の「らんまん」は、大正十一年創業。関東大震災後のいわゆる銅貼り看板建築で、店内の古い造作も貴重だ。ここも魚がすばらしく、ガラスケースのピカピカ成魚が「刺身にしてくれ、煮てくれ焼いてくれ」と口を開けて待っている。落ち着いて

一杯やりたいときはここだ。

中野坂上「日本酒　豆柿《まめがき》」の店先は植え込みの石蕗《つわぶき》、羊歯《しだ》、木賊《とくさ》の緑が水を打たれて美しい。小さなカウンターに座ると、目前に置かれた自作の巨大な農家模型が目を奪う。茅葺き屋根の下に、床の間の畳座敷、炉を切った板座敷、三和土の台所や納戸が続き、仏壇、簞笥、自在鉤、箱膳などの家財もそのまま、遊ぶ子供や、庭に犬もいる。夜景の設定で灯が入り、見れば見るほどリアルだ。「これは築十七年です。建坪は半坪。設計から建材集めに五年、工期一年で落成。左の土蔵は築三十年」と、主人が本建築のように解説するのがおもしろい。

模型ではないこちらは本物、荒壁の店内は背負い籠や魚籠、背負子などが農家のようだが、流行の古民家再生とちがい、微妙にアート的アジア趣味が入っている。

「日本を知らない台湾人が、台湾で日本料理店を始めた、というのが設計依頼です」

よくわからんがわかるような気もする。ここは三千九百円のセットメニューに日本酒は純米吟醸がいくつか。刻んだ油揚と茹でた鶴の子豆のひなびたお通しの印判の皿が、夏らしい団扇の柄でとても良い。

主人・落合さんは子供の頃からの山好きで、雑誌に山関係の文を書きながら、古物を収集し、ミニハウス制作にはまり、その置き場所にもなる居酒屋を始めた。おいらも一時期登山に熱中し、共通する山仲間や山岳カメラマンがここの常連であるとわかった。新宿から松本へ向かう中央本線は、昔は大きなザックを背負った大学山岳部、今は中高年登山者がおなじみの乗客だ。沿線には登山用品店も多く、中央線の居酒屋と山好きはよくなじむ。

東中野の「しもみや」は階段を上るきれいな日本酒カウンターバー。大きな二つのガラス保冷庫に先鋭的名酒がぎっしりつまる。主人は半袖シャツにネクタイ、黒の胸当エプロンと、居酒屋よりは酒屋主人の服装だ。長野県・松本手前の塩尻の酒「美寿々」は農大醸造科で主人と同級生だった蔵元で、香りが軽快で飲みやすい。繁華街とは縁のない場所に日本酒好きの集まる店がある。

中央線の居酒屋は、大衆居酒屋に徹した古い名店と、主人の生き方や趣味をくっきり反映した個性的な店があり、とくに後者に特徴がある。郊外に住んで、電車で都心の会社に通い、帰りは沿線の自分の気に入りの居酒屋に顔を出して帰宅する。中央線はそういう近代の都会的ライフスタイルが最初に定着して、個性的な居酒屋を生んでいったと言えよう。

鮎

鮎の字を見ただけで気持ちがときめく。川魚の女王。「若鮎のような」はピチピチした娘の形容詞だ。夏の清流をしなやかに体をくねらせて泳ぐ姿を想像するだけで若い色気を感じる。

夏まっ盛りの今は鮎の食べ時だ。稚鮎、小鮎、成鮎と育ち、晩夏の落ち鮎になると脂ものった大型となる。鮎は川苔を食べるので川により味が違うと言われるが、水の味によるという説もある。

北大路魯山人は京都の活き鮎を川水に泳がせ、早飛脚で東京に届けさせたというが、昔おいらは「全国五つの川の天然鮎を食べ比べる会」というものに参加した。鮎は、川辺川（熊本）、四万十川（高知）、高津川（島根）、揖保川（兵庫）、吉田川（岐阜・郡上八幡）の天然鮎。参加者三十名分を、各地から、その川の水の活き鮎で集め、間違えぬよう順番に焼くのは大変だったそうだ。その結果は、清楚、妖艶、小粋、グラマーなど、産地により姿形も味も香りも異なった。

私の思う日本一の鮎は水質日本一と認定された島根・高津川産だ。昨年有志を募り、島根県益田市の「田吾作」に鮎食いツアーを敢行した。そこで背越し刺身（生のまま輪切り）、鮎飯もいただいたが、真骨頂はやはり塩焼きをがぶりとやるところにある。香草バジルに似た強烈な苔の香りに、川魚の野性味を感じた。

鮎の醍醐味は腹に抱くワタのすべてを一口で食べるところにあり、香味、旨味、脂味、苦味、かすかな血の味、皮の焦げ、振り塩の焼塩味が渾然となった風味は、川魚の泥臭さが全くない鮎だけの気品だ。最後に尻尾の焦げた化粧塩をちょいとつまんで口を締める。成長して大きくなると大骨も硬くなり、そのままがぶりはできないので時季の特権だ。

今年は六月、大阪の「ながほり」で初物を食べた。鮎は高知の仁淀川。南国の鮎はすでに形も大きく、泳ぐように身をくねらせて串を打って焼いた二尾が皿に並ぶカップル鮎。ほこっと開いた口に白い小さな歯がのぞいた。

次いで滋賀県・長浜の「能登」では琵琶湖産の小鮎。ほんの十センチほどのを、それでも身をくねらせて焼いた可憐な姿。形が小さいと塩の振り加減、焼き加減の程度が難しいが、たいへんみごとで幼い味を堪能、ついでに稚鮎（五センチくらい）の天ぷらも塩でいただいた。

鮎は養殖は論外と言うがそうでもなく、大阪の名居酒屋「スタンドアサヒ」では値段も考え、「これは養殖です。養殖でもおいしいですよ」と断った上で、焼き方で工夫する。養殖鮎は身が締まらないのが難点だが、形の大きいのを遠火で時間をかけてじっくり脂を落とし、四方から熱を当てて皮の焦げ風味をつける。たいへんおいしい。これも一つの見識と思う。

東京では新宿の「吉本」がいい。亡くなった先代主人は鮎釣り名人で、六〜九月のシーズン中の土曜日曜はすべて、故郷信州の天竜川をはじめ、秋田、山形、茨城の支流深くまで分け入り、釣果を店に出した。主人が言うには、鮎はやはりカッと熱い夏の陽射しが来ないと本格にならない。どうしても足りないと口惜しいが地元の漁協で不足分を買う。ならば初めからそうすればよいのにと思うが、自分で釣ったものを店に出す意地があったそうだ。

島国日本は川の王国だ。各地の特徴ある鮎を楽しめるのも天然の清流あればこそ。川辺川をはじめとする、無駄な河川開発公共事業、反対!

酢〆魚

銀座の居酒屋「佃喜知《つきち》」に入り、三点盛り〈まぐろ中落ち・小鰭《こはだ》・青柳みそ叩き〉を頼むと、小鰭ははしりの新子《しんこ》！「今日からです」と主人が胸を張る。

新子（正しくは新小）は小鰭の幼魚。小鰭は正しくはコノシロ（ニシンの仲間）で、鮨種に使う十五センチまでの小さいのを小鰭、さらに小さいのを新子と言う。何でもはしりを好む江戸っ子は、とりわけ新子には目の色を変えた。今日のは魚体長わずか三センチ。鮨に握るなら四、五枚づけだろう。ほんの爪の先くらいのを丁寧に開いて骨をとり酢〆したのがこんもりと盛られる。一枚をそっと口にいれると、濡らした程度の酢〆から青魚の香りが立ち上がり、はかなく消えてゆく。ようし今年も新子の時季だ。

数日後、築地の「魚竹《うおたけ》」へ。白板の「先週のベスト5」は、おお、輝け第一位は新子。すぐ後に来た客も「お、新子！」と声をあげる。

体長およそ六センチ。ここまで成長したか。緑の胡瓜もみの上に立体的に重なる六枚の（数えました）新子の美しさ！　青味をおびたピカピカの銀肌に胡麻粒模様が整然と並ぶ粋な姿形が江戸っ子を熱狂させた。おろし生姜の醤油に端をちょっとつけてパクリ。爽やかな酸味、青魚の清潔な旨みは、まさに江戸初夏の川風。冷酒コップ酒ツイーでもう一枚。皆さん、新子食わなきゃ江戸っ子とは言えぬですぞ。

青魚酢〆は居酒屋で最も粋な肴だ。鮨も一品なら小鰭。酢加減、〆加減は職人の腕の見せどころだ。居酒屋の小鰭なら神田の「みますや」。最大級の小鰭のキラリと光る銀肌にスパッと入る包丁は、仁俠匕首《にんきょうあいくち》のピタリと決まった啖呵《たんか》の痛快さだ。

粋な小鰭が遊び人若衆・弁天小僧なら、倶利迦羅紋々《くりからもんもん》の刺青《いれずみ》を思わせる鯔背《いなせ》な〆鯖は、貫録《かんろく》の親分・幡随院長兵衛《ばんずいいんちょうべえ》。啖呵も重厚になる。小鰭は市川雷蔵《らいぞう》、〆鯖は坂東《ばんどう》妻三郎《つまさぶろう》でキマリ。

「魚竹」の〆鯖は神奈川松輪産で、紋々の銀肌と真っ赤な身の対比は鮮烈そのもの。〆鯖の見せ場は包丁の冴え。触ると指が切れそうな切り口のエッジの鋭さだ。

パクリ。

頃合いに脂が乗ったジューシーな身は、酢でほどよく締まった外側から赤身の中心部にかけて生に近づき、いやもう全く申し分のない底光りのするうまさ。〆鯖こそ江戸の華と言おう。

ところがこれが関西に行くと名前も〈きずし〉と変わり、味も雰囲気も変わる。関西の居酒屋は大衆酒場でも必ずきずしがあり、鯖使いの日常性と技術は圧倒的に関西が勝る。関東は注文ごとに化粧包丁を一筋か二筋入れて厚く切るが、関西のきずしはすでに薄めに切られて、甘酢の出汁に漬生姜細切りと一緒に浸る。出す時は甘酢出汁に浅く浸し、漬生姜を添え、生姜と一緒に食べることを奨められる。

関東は刺身の新鮮感を、関西は料理としての出来を尊ぶようだ。どちらにしても居酒屋のプライドをかけた勝負の品であることに変わりない。きずしは京都先斗町《ぽんとちょう》「ますだ」と大阪阿倍野《あべの》「明治屋《めいじや》」を推薦しておこう。

数日後、湯島「シンスケ」の鯵の酢〆〈あじ酢〉を食べたくてのぞくと、今日は珍しく〈新サンマの酢〆〉だ。最近サンマ刺身は普通になったがおいらは脂気が苦手。酢〆は皮を剝ぎ、割りあいよく〆てサンマのしつこさが薄れ、生姜醬油でたいへんおいしかった。

青魚の酢〆で冷や酒きゅー。暑気払いといきませんか。

さんま

秋、イコール、さんま。切っ先鋭く青銀に光る細身に「秋刀魚」と漢字をあてた人はえらいですね。

歳時記にわざわざ「東京人の好物」とあるのを、本当だと実感するのは、おいらの住む目黒の駅東口・西口で、日を変えて開かれる「目黒のさんま祭」だ。東口は宮古産、西口は気仙沼産のさんまに並ぶ数キロメートルもの超長蛇の列は驚くばかり。

この日、目黒一帯はさんまの煙が天高く上り、ほんとにまったく「秋深し」となる。さらに今年は東京タワー下で大船渡産のさんま祭も〝初陣〟とかで、ほんとに東京人はさんま好きだ。

さんまは何といっても塩焼き。表に出した七輪の炭火で、もうもうと盛大に煙をあげて焼くときこそニッポンの秋の夕餉。母ちゃん早く早く、といきたいが、都会のマンションではそうもいかない昨今だ。おいらはさんまは家で焼いて食べるものという気持ちがあるせいか、居酒屋で千円も出して頼むと損した気分になるが、気仙沼の

「福よし」に入り、眼からウロコ（さんまの？）が落ちた。

専用囲炉裏の真っ赤に熾《おこ》った炭火の外側を一周して円環プールのように水を張り、その外に串刺しのさんまを炭火に向けてやや斜めに立てる。次第にさんまから脂がぽたぽたとプールの水に落ち、串を伝わっても下部に脂受けの紙を当ててある。どちらも長時間の焼きでしたたる油を灰に落とさぬ工夫だ。串の向き、傾斜角を絶えず調整して、満遍なく熱を回して三十分。焼けたさんまは長い炙りに耐えた熱気がこもる。

さんまはワタが命。腹をまるごと箸で包んで一気に口に入れるが、ながい加熱と脂落としにより、腹の中でいろいろなワタが煮え溶けて苦味のきいた濃厚スープになり、さんまとはかくも豊かな味であったかと唸るみごとなものだ。まあ、お試しくだされ。絶品です。

さんま刺身がよく出回るようになったが、おいらは身が締まらず脂の強い刺身は苦手。それならと自由が丘「銀魚《ぎんぎょ》」は〈さんまのなめろう〉を出す。鯵《あじ》のように粘りが出るまでは叩かない細かな乱切りを、味噌、葱、生姜絞り汁と調味して浅葱と白ゴマを少し飾る。味噌はほんの少しで、さんまもこうなると高級住宅地・自由が丘の上品な一品料理、ぬる燗にぴったりだ。

さんまは北海道根室の「棒受け」を使う。テレビでよく見るが、さんまでパンパンに膨れた網をクレーンで船から海岸に回し、底をぱっと開けてどーっと下に落とす。

しかしこれはさんまが傷み、網から「すたま」という棒で丁寧に掬い取るのが「棒受け」だ。根室でとれたてのさんまの尾を握って立てるとピンと立ち、感動して写真をとると漁港の人に何が珍しいんだという顔をされたそうだ。

下北沢「両花《りようはな》」の〈さんまの味噌たたき〉は粘りを出すまで叩いた濃厚な味わいがいい。佃「江戸家」もこの時期のなめろうはさんまで、焼いた〈さんが焼〉の焦げ風味は茶碗酒にぴたりだ。

浅草柳橋「玉椿《たまつばき》」の〈さんまの肝漬け炙り焼〉は、新鮮な肝を叩いて酒・醤油・みりんで煮たタレに、さんまを一晩つけ込み、食べる時に焼く。肝の苦味が調味となった、たいへんおいしい「料理」だ。名店、湯島の「シンスケ」では酢〆となり、庶民のさんまも殿や奥方に出せる粋な一品にかわる。

さんまは生姜で煮ても、竜田揚げにしても、つみれ汁にしてもおいしく、居酒屋でも、もっとレパートリーが増えるだろう。

目黒を訪ねた殿は「さんまは目黒に限る」と、宣《のたも》うたが、いろいろありますぞ。

※自由ヶ丘「銀魚」は閉店しました。

静岡横丁（一）

東海道真ん中の静岡市は、青葉通りに沿って飲み屋横丁がたくさんある。どこも車が入らない酔っ払い天国だ。

昭和通りの、向こうの通りに抜けられる緑のアーチ「青葉横丁」からほど近い青葉交番向かいの「青葉おでん街」は一番人気の小路だ。

広めの路地に「はつの家」「杉よし」「八重子」「ゆ里子」「かすり」「新婚」「幸多路」「おさと」「みよしの」などなど、おでん屋ばかり二十二軒が祭提灯の列のように同じ間口でびっしり連なって壮観。路地は行き止まりで奥は共同トイレ。初めての人はどの店に入ってよいか決めかね、奥まで行って引き返して思案する。どこもカウンター一本の同じ作りだ。「愛《あい》ちゃん」はその中の一軒。

「えーと、おでん」

「はい、何とりましょ」

おでん屋に入って「おでん」もないものだが、四角いおでん槽《ふね》の、艶のある真っ黒なおつゆに竹串がびっしり沈む。種は串刺し、牛スジの出汁《だし》を醤油で煮込むのが静岡おでん、ゼラチン質のしみたおつゆは甘めのコクだ。

まずは静岡名物「黒はんぺん」。平べったい四角の片縁を厚くして串を通すのは、立ち食いで落ちないため。静岡おでんは昔は子供の買い食いおやつで、そのためすべて串に刺し、魚粉と青海苔粉をかけるのがお約束。皿におつゆをかけないのも立ち食いの名残だろう。

はふはふ……

ある人に「静岡おでんの特徴は?」と聞かれ「飾りもハッタリも全くない、素朴リアル」と答えたが、おでんはおでん。東京や大阪のように「名店」などと勿体ぶらないのが静岡おでんということだろう。

「昔の黒はんぺんは、小骨でざらっとしたんですが、最近はどうもなめらかで」

顎に白髭の店主がお嘆きだ。壁の「おかげさまで、愛ちゃん50年」に先代の写真が入る。当店の創業先代は戦後に娘が生まれて一念発起。「愛子」と名づけ、生後五か月からおんぶして屋台「愛ちゃん」を引いた。赤ちゃんを背負ったおでん屋台は人気を呼んだにちがいない。以来五十年が過ぎて昨年引退を決意し、常連客だったコーヒー店主人に頼んで店を継いでもらった。継いだ今の主人は顎の白髭が名物だった先代に合わせ自分も伸ばしたが「どうも毛根が少なくて(笑)」とヤギ髭だ。でもそれが愛嬌で、奥さんと楽しそうに店をやっている。

そもそも静岡は町中の屋台が名物だったが、東京オリンピックのとき「屋台は文明国の恥」と意味なく禁止して、昼の屋台置き場だったこの場所に固定化した。ここは炭屋の土地で、屋台おでんの熱源に炭を買うことで置かせてもらっていたという。今はガスだが、当店はカウンターに七輪をはめ込み、そこだけは炭火を使い、大家さんに義理だてている。

中年一人男の大きな緑の飲み物は「静岡割り」。グラスの焼酎ロックに抹茶の粉「酒割専用Ｔｅａハイ茶」をおとして混ぜたもので、自然の渋味が爽やかだ。

「おでんに合うじゃんね」

気候温暖、海山の食べ物豊かな静岡は、何もしなくても暮らしてゆけるので、何もしないから向上心なし、性格温厚が定評だ。おいらも大勢の静岡人を知っているが、みんなそうだった。人なつこいのは東海道を往来する旅人に慣れているからだろう。ここの主人夫妻、お客さんも人なつこい。

「地元でもおでんを食べますか？」

「そりゃ食べるずら、これ食べてりゃ楽じゃん」

そうかあ。つまらん苦労はまかすわ、おいらはおでんで一杯か。

「コンニャクとスジね」「はいよ」

静岡横丁（二）

飲み屋横丁の町・静岡の両替町には「青葉小路横丁」「ちゃっきり横丁」が二本並行する。青葉横丁の「昇菊《しょうぎく》」がおいらの気に入りだ。

一階は六席のカウンター、狭い階段で二階もある。調理場の小窓は隣のバー「WILD WOOD」につながっていて、生ビールなどはここから届き、こちらの料理も向こうに行く。てなわけで向こうから届いたビールのハーフ&ハーフをきゅーっと一杯。

小さな店に精悍な丸刈り主人と美人奥さん、手伝いの若いのが働く。品書きに〈カツオ血合いのなめろう〉を見つけた。『本の雑誌』の椎名誠さんの連載で〈船頭さんに教えてもらったのだけど、イキのいいカツオは普通は食わない「血あい」のところを包丁でこまかく切って叩いて、氷で冷し醤油をまぜあわせ、これで刺身を食うとまったく味が深くなって思わず涙ぐんでしまうほどだ。〉を読んだばかり（長文引用すみません）。

早速たのんだ。血合いを生姜と味噌で粗く叩いて浅葱をたっぷりかぶせ、玉葱スライスにのせる。ひんやりと凄みのきいた味には冷や酒だ。地酒「志太泉」にしよう。

小さくせまいカウンターは常連が一人で来て飲んでゆく雰囲気だ。壁にプロボクシング・元世界ヘビー級チャンピオン、モハメッド・アリの写真がある。ここの主人は調理人修業を続けながらボクシングへの夢捨て難く、親方の許可を得てジムに通い、二十九歳でプロ第一戦を迎えた。

「普通は引退の年齢です」

快勝。その後も勝ち続け、デビュー三連勝というめざましいスタートを切った。

「そこで慢心しました」

四戦目に、なめてかかった若い相手に敗れて目覚め、さらに猛練習。八戦、四勝四敗の成績で五年目、三四歳できっぱり引退した。その間も料理人を忘れてはいなく、三十二歳のときにこの自分の店を開店していた。

壁に飾った対戦前のグローブチェックの写真がいい。包丁を握る拳は常人よりかなり大きく、がっしりして巌のようだが、プロボクサーを感じるのは彼の眼だ。眼前の相手に正面から立ち向かうボクシングほど闘争心の必要なスポーツはないだろう。もちろん今は穏やかだが、かつて裸一貫、リングに立った精気は目の底に消えていない。

「来ちゃったわよ〜」

ほろ酔いで入って来た美人が隣に座る。自分の夢を一途にぶつけて引退した主人のさわやかさに、男も女もファンが多いようだ。手があくと調理場の見えない隅々まで熱心に拭いている様子に、トレーニングに打ち込んだ姿が見えるようだった。

隣のちゃっきり横丁の「藍《あい》」も行きつけだ。八人も囲めばいっぱいの小さなカウンターは、静岡のしかるべき人が通うが、肩書き厳禁、連れは一人まで。みんなと話すのがルールの、まことに紳士淑女の居酒屋だ。

「あら、今話してたとこなのよ」

噂をすれば影、おいらの本を読んでくれたお客が来ていた。

「ワルいことはできないな」

「そうじゃないけど」

笑われて一秒もしないうちに客同士がうちとける。

おかみさんに面白い話を聞いた。静岡人がお金に困ると、浜松の人は強盗をする。静岡の人は乞食をする。沼津の人は詐欺をする。

「へー、浜松は荒っぽい、静岡は甲斐性なし、沼津は口がうまい」

「そうなのよ」

「おかみさんはどこ?」

「私?……言えなくなったじゃん」

「はははは」。

往来東海道の、いろんな人がいる横丁で飲む酒がうまい。新幹線で一時間、また来よう。

※静岡「藍」は閉店しました。

横浜野毛（一）

「横浜」と書いて「ハマ」。石畳の波止場、古い洋館、エキゾチックな並木道。ハマっ子は東京を意識しないが、東京っ子は横浜が気になる。おいらも横浜が大好きだ。時間があればすぐ出かけ、遊び疲れたらホテルに泊まって朝帰り。何食わぬ顔でご出勤する。

ハマの魅力は数々あれど居酒屋ファンなら、もちろん野毛だ。

野毛の酒場を語るには「武蔵屋《むさしや》」から始めなければならない。野毛山の坂の小さな普通の一軒家。創業大正十年、昭和二十一年にここへ。以来建物は戦後のままだ。

通称「三杯屋」。ビールは別として酒は一人コップ三杯まで。以上おしまい。一杯ごとに頃合いを見て、玉葱酢漬け、おから、鱈豆腐、納豆、お新香が出て、この後のビール追加もダメ、お帰りくださいだ。

創業先代が決めたルールを二人の娘さんが忠実に守る。使い続けた土瓶の燗酒をツーとコップに注ぎ、山盛りでピタッと止める手は寸分に狂いないが、姉妹はすでに八

十七、八十五歳のご高齢となった。夏場は週四日の営業を続けていたが、今年は二月ごろからずっと休みで常連を心配させた。そして九月十五日の今日再開され、おいらは勇躍やってきた。長い列に並びようやく入店。この日を期して念入りに磨いたらしい店内は満員、手伝いも多い。
「再開おめでとうございます」

「まあ、どうも」

そうして昔と何も変わらぬ至福の時間を過ごした。ハマの宝、武蔵屋よいつまでも。

行く人は敬老精神を忘れぬよう。

坂を下って野毛の飲み屋街。縦横に連なる小路は昭和三十年代の雰囲気を濃厚に残しながら、港町らしいエキゾチズムが漂うのが何とも魅力だ。

数ある焼鳥の人気は「若竹《わかたけ》」。西部劇のサルーンよろしき葭簀《よしず》のスイングドアを肩で押して入ると、懐かしき昔のままの焼鳥屋。夏は三台の扇風機をガンガン回しても煙が消えず、入口の団扇《うちわ》をとって座るのがお約束だ。昭和二十七年創業の脂のよくしみた店内は、いつもピカピカに磨かれて気持ちがいい。手羽先のような細面のご主人は寡黙に焼きに徹し、そろそろ白髪まじりのお母さんが優しく声をかけてくれる。

「おまかせ、まず五本」

「いいわよ、嫌いなものないわね」

おまかせでも一本百五十円の安心値段。一串はとても大きく、つくねのみ二百円、酒はビールだけ。机に置いた秘伝の辛味噌がピリリときいて、たちまち「違うの五本追加!」。最後は黙っていてもおいしい鶏スープが出ます。

うーい、野毛サイコー。しかしまだまだ帰らにゃいぞ。

「こんばんはー」

「お、いらっしゃい」

太い声で迎えるのは、すぐ先「麺房亭《めんぼうてい》」のマスターだ。彼こそは料理の鉄人。おいらが『居酒屋味酒覧』に「酒と食の〈美味しんぼ〉はこの店だ」と書いた通り。厚い品書きは全国の産地直送にこだわり、和、イタリアン、炭火焼きなどに、すべて手打ちのラーメン、パスタ、うどんが後を〆る。酒は日本酒、イタリアワイン、本格焼酎、泡盛の厳選がずらり。最近は神奈川の農家を応援した地産野菜に、試作を繰りかえして完成した自家製の生ハム、チーズがすばらしい。イタリアの食堂をイメージした店内は居心地満点だ。

「何にしようかなー」

「野菜食べなさい、野菜」

奨められた「幸福のサラダ」は豆たっぷりに、戻りカツオのたたきも入って、まさに「シアワセ」でした。

横浜野毛（二）

三浦半島浦賀水道は絶好の漁場として知られ、久里浜蛸、松輪鯖、小柴シャコは名高い。横浜はこの新鮮な魚をいち早く食べられる町でもある。

野毛の「小半《こなから》」は向かいが駐車場のさりげない居酒屋。おいらは小さなカウンター端から外が見える絶好の席。奥はリタイア組が四人つるんで早くも酒宴開始。野毛は遊び好き父ちゃんがうろうろするいい町だ。

刺身は早くしないとなくなる。さっそく品書きを見ると、おお〈しこいわし〉。小イワシを指でさっと捌いたこれは足が早く（傷みが早く）、東京では食べられない。他にウーンと悩んでキスとアオヤギ。「まずはこの一皿」とある〈生野菜盛り合わせ〉。気になる〈いわし団子〉〈セロリ浅漬〉もつけて、よーし万全。

ングングング……

注文を終えて飲む生ビールのおいしさよ！　うまいわけだ。おいらは若くキュートな美人奥様の生ビール・ダブル注ぎの技を見ていた。

「ビールうまいねー」

「あられしいわ、もう一杯飲んでねー」

飲む飲む。野毛はあの天才・美空ひばりを生んだ町。野毛娘は明るく気さくだ。開店四十年、男前の二代目主人は無口だが、ときどきニヤリと笑うのが話を聞いてる証拠だ。

薄く醤油をまわしてある〈しこいわし〉のぴちぴちフレッシュ。セクシーな旨味の〈きす刺身〉。ヒモまで甘い〈アオヤギ刺身〉などなど、すべてうまいのなんの。合間に〈生野菜盛り合わせ（谷中生姜・もろきゅう・エシャレット・味噌）〉がおおいに役立ち「まずはこの一皿」に納得だ。

「ただいまー」。帰ってきたのはとてもかわいい小学生のお嬢ちゃん。

「おう、いいとこに来た」と父ちゃんに何か買物を頼まれ、ママからメモとお金を渡され、たちまちまた走り出た。おいらは家を手伝う子供が大好き。ナミダの出るようないい光景だった。この店最高です。

さて次は野毛名物、創業昭和二十三年の「福田《ふくだ》フライ」。〈わかさぎ、くじら、えび、しいたけ、いか、あすぱら〉など、ずらりと並ぶ品を言うとジャーとフライに揚げる。玄関は取り払って開放し、外で立ち食いもできる。要所に下がる手ふきの白タオル、「注意！　油がはねます」の貼紙がいい。奥は割烹修業を終えた息子さんが白衣で魚料理だ。おいらは入口揚げ場前の絶好の立ち位置。通り向かいは焼鳥「若竹《わかたけ》」、その隣は野毛の名物看板「毛沢東もビックリの餃子、楊貴妃も腰抜かすチンチン麵、チンギスハーンもいきり立つチョメチョメ麵」の中華「三陽《さんよう》」。この場所こそ野毛のゴールデントライアングルだ。

〈あじ、ればー、玉葱〉に、ニンニク唐辛子入り特製ウスターソースがよく合う。そして何より、白割烹着で揚げるベテランおばさんの笑顔がいい。野毛はハマっ子らしい気取らない笑顔がいっぱいだ。

さあて最後は少し離れた日ノ出町の「栄屋酒場《さかえやさかば》」に行こう。創業昭和二十三年、昔のままの小さな居酒屋をすっかり気に入った。白衣に五本指ソックス下駄履きの気さくな主人、手伝う娘さんのおおらかな受け答えが古きよきハマの居酒屋をしのばせ、堅いサラリーマンも含めて熱心なファンがついている。刺身はすべて厚切り大盛り。おすすめはその辺の天ぷら屋に「見習え」と言いたくなるような、みごとな活穴子やめごちの天ぷらで、量もたっぷりだ。

魅惑の横浜野毛は、古い店が古いままに元気に続いているのがいい。旨くて、安くて、笑顔のこぼれる野毛の町。ああ今夜も行きたい。

沖縄の居酒屋（一）

沖縄に用事ができたのを幸い、寒くなった東京を逃れて石垣島の居酒屋「森の賢者」に一年ぶりに入った。

「こんちは」「ああ、太田さん」

内地出身のマスター鈴木さんは沖縄に憧れ、波照間島でキャンプしている時、同じ場所に来ていた東京のＯＬと知り合い、石垣島で居酒屋を開くのを二人の夢として結婚。ながい苦労の果てにこの店を開いた。石垣島の繁華街は港のある美崎町だが、そちらは観光客目当ての居酒屋ばかり。鈴木さんは繁華街からはずれた住宅地にモダンな喫茶店のような空き店舗をみつけ、地元のための店をめざした。

ツブスンナーという超小粒サザエのような貝の塩ゆで、高瀬貝の吟醸粕漬焼、長命草のディップで食べる焼マコモ茸、ソーキと冬瓜の煮込みなど郷土料理の自由なアレンジが新鮮でおいしい。白い角皿のサラダは海藻（スーナ、カーナ）、うりずん豆、ゴーヤ、いんげん、玉葱とヘルシーな安心感がある。

泡盛「請福《せいふく》」と沖縄の緑の柑橘・シークヮサーのオリジナルカクテル〈サマーウィ

ンド〉は、ラムとグレープフルーツのカクテル〈ソルクバーノ〉に似て、よりさっぱりと辛口だ。

「名前がちと平凡だな。キューバの太陽〈ソルクバーノ〉にならい、石垣の太陽〈ソルイシガキーノ〉はどうだい」「ははぁ」

余計なひと言に苦笑するが、石垣島らしくない店を開いた不安は、いまは自信に変わったようで、おいらはうれしい。常連とおぼしき女性客たちは落ち着き、観光繁華街を外れた店を自分の場所として静かに楽しんでいる。

「あれ、奥さんは？」「いま、三番目を子育て中で休んでます」

訪ねたのは美人奥様目当てもしっかりあるが（コラ）、お子さん三人は偉い。奥様は苦労時代に世話になった石垣のおばあに「子供三人産んで島の人になれる、産んでしまえばなんとかなるさぁ」と言われ、それを守ったようだ。

店内は様々な薬草酒のガラス甕がいっぱいだ。長命草を漬け込んだ三十度泡盛のオンザロックは、強烈な苦味、甘味、生姜味が渾然一体となり、「根（ルーツ）味」ともいうべき大地の滋味がある。

「これ一杯で、五分長生きできます」「おお、それは有り難い」

おいらは計十五分の長生きを約束されました。

千鳥足で美崎町へ。目当ては一年前入ったバー「ツーボーイ」。英語表記「TOO

BOY」は「子供すぎる」の意味か。

「オレを憶えてる?」「はぁ……」

あれこれ話すと「ああ、ホワイトレディを飲んだ人ですね」と思い出してくれた。あまり出ない注文をしたおかげだ。衿つき黒ベストにシルバーのネクタイ、丸刈りのマスターは腕まくり。開店は一九九四年。地下鉄通風孔の風に舞い上がるスカートを押さえるおなじみのマリリン・モンローのボトル、アメリカ車のブリキミニカーに、シャープなジャズが鳴り響く六十年代ムードがいい。よし、今日はこれにしよう。

「マルガリータを」「承知しました」

カクテルにうるさい客とにらんだか、気合を入れた支度が始まった。テキーラはメキシコ、ハリスコ州テキーラ町の名品「サウザ・ブランコ」。激しいさざ波型シェイクで縁にたっぷり塩を回したスノースタイルのグラスに注いだ。作者が恋人の名をつけたというカクテルに、エレガントな白レース風の丸い敷紙が似合う。

「どうぞ」

ツイー……

寿命がまた五分のびましたとさ。

沖縄の居酒屋（二）

石垣島から沖縄本島那覇に飛び、居酒屋「うりずん」のカウンターに座った。うりずんとは「潤い初め」、空気が湿気をおびてくる初夏の頃を言う。この店は、一九七二年八月十五日、沖縄が本土に復帰した終戦記念日に開店した。おいらは仲間と二階座敷には何度も上がっているが、いつか一人で来たいと思っていた。

Ｌ字カウンターの奥の端は店全体が見わたせる最上席だ。オーナー土屋さんは戦時の爆撃で壊滅状態となった泡盛古酒の復活「泡盛百年古酒計画」を進め、その象徴がおいらの座る前、神棚の位置にでんと置かれた高さ一メートルはある八年古酒の大甕だ。甕の台を支えるのは巨大なシーサー、周りにも割れ防止に縄を巻いた古酒甕がいくつも置かれる。棚には沖縄泡盛全酒造所の一升瓶が並ぶ。

泡盛は平たい壺《つぼ》屋《や》焼《やき》徳利《とっくり》「カラカラ」に入り、古酒甕と同じ茶碗、氷樽、沖縄ガラスの水差しの水のセットで出る。カラカラは振ると中の玉がカラカラと音がする本式で、どっと流れ出るのを防ぐ。入口より玉が大きいのが不思議だが、焼く時に新聞紙

に包んだ土玉を入れ、一緒に焼成するそうだ。

ツイー……

ああうまい。おいらの最近のお気に入り「時雨《しぐれ》」の、しっとりした口当たりは「潤い初め」にふさわしい。お通し〈ナーベラ（へちま）味噌煮〉と、沖縄不動のつまみ〈島らっきょう〉がうまい。〈本日の三百円〉の〈野菜三点盛〉は、ハンダマー（金時草）、ドラゴンフルーツの芽、ゴーヤなど五点が盛られ、このへんの適当さが沖縄らしい。

沖縄のシンボル的居酒屋として観光客は多いが、静かなたたずまいは観光俗化した国際通りとはちがう老舗の味わい。微かに聞こえる哀調をおびた三線に耳を傾け、泡盛古酒をゆっくり味わうと、しみじみと沖縄を感じる。カウンター角の丸柱に背を預けて目をつむる老人が、おもむろに曲に合わせて歌い始めた。

夜九時半、ようやく近くの「おでん東大」の開店時間になったが、シャッターは無情に下りている。しかたなく夜の近所をうろうろ。この栄町《さかえまち》は戦後にできた市場町で、見上げた看板に書かれた「栄町音頭」が大いに気に入った。長いが全歌詞を紹介させてくれ。

「栄町音頭」　作詞／我那覇正亭　曲／民謡「もどり籠」

一．首里と那覇の真ん中の
戦後に出来たる新開街《しんかいち》
姫百合聖地のその跡に
街の名称《なまえ》も栄町　街の名称《なまえ》も栄町

二．真和志の野中で発展の
衛生設備の市場街
安くて豊富な品揃え
沖縄のばす栄町　沖縄のばす栄町

三．近代設備を整えて
料亭酒場は賑やかで
サービス満点御待ちする
付時《いつ》でもめんそれ栄町　付時《いつ》でもめんそれ栄町

四．凡ゆる階級の皆揃《ひとする》て
揃《する》いも揃《する》たる文化街
大黒様をいただいて
永久《とわ》に栄える栄町　永久《とわ》に栄える栄町

ようやくシャッターが上がり「おでん東大」が開いた。

「だんだん開店が遅くなるね」

「閉店もどんどん遅くなるのよ」

うりずんの土屋さんも店を終えるとここに来るそうだ。絶品おでんの〈テビチ〉は食べ始めると箸を置けない、と言うか箸を置いて手づかみになる。東京からこれを食べに一年に四十七回（！）来た客がいて、その前の年は三十回とは驚きだ。

黒髪美人のネーネーは、この一年ご両親の病気で大変だったそうだが、淡々と力強く生きる姿勢は頭が下がる。おいらも四十七回は無理でも時々は来て、生きる力をいただこう。沖縄が大好きだ。

東京、注目の居酒屋（一）

東京の居酒屋はここ四、五年沈滞し、おいらは関西にばかり行っていたが（いま関西の居酒屋は面白い）、最近ようやく新勢力が充実してきた。しばらくこの動きを追ってみよう。

まず朗報は昨年八月以来、新築工事していた森下「山利《やまり》喜《き》」本館の十二月四日の新スタートだ。

行って驚いた。新しい建物は中部ヨーロッパ、チェコかハンガリーあたりのクラシックな装飾をほどこした石造五階建て。しかし玄関には「大衆酒場」の大暖簾と懐かしの赤提灯がぶら下がるミスマッチ。目を丸くするおいらに三代目主人・山田廣久さんがにこやかに声をかけてきた。

「太田さんが残せと言った鉄柵もここに」

前の店の表通り窓にあった「山利喜」の切り文字が入る鉄の窓柵は、半地下になった一階の窓に再び嵌め込まれた。半地下一階は板張り座敷、二階、三階はカウンターと机で、フロアは三つになった。

山利喜創業は大正十四年。前の建物は東京大空襲のあとに二代目が再建、この新築で建物も三代目になった。土地を更地にするとなんと地下に防空壕が残っており、古い徳利が二本出てきたそうで、守り神として新築の一階に飾られた。

「お久しぶりです」

二階厨房で白衣白帽の人に声をかけられ「はてな」と考えた。

「神楽坂たかし、の？」

「そうです」

神楽坂みちくさ横丁にあった小さな居酒屋「たかし」の若主人だ。誠実で確かな腕に惹かれて何度か通ったが、一年前に突然閉店となり気にしていた。それが山利喜の板前として現れた。後ろで廣久さんがにやにやしている。料理人募集に応募して面接採用され、あとで前の店においらが客で来ていたことを知ったそうだ。これは面白いことになった。いずれ山利喜の料理に彼のカラーが加わるかもしれない。

新開店を待ちかねた店内は超満員の熱気。品書きも値段も変わらずワインはさらに充実。廣久コレクションの懐かしい看板も飾られ、新築落成に乾杯した。

下高井戸の「まきたや」は昨年十月の開店。初めての店はまず品書きが気になる。極上あん肝、鯖へしこ、なまこ・白子ぽん酢、生・焼牡蠣、自家製さつま揚げ、穴子白焼、里芋揚出し、豆腐味噌漬、クリームチーズおかか和え、しらうお根三つ葉玉子とじ……酒飲みをくすぐる品がぞろぞろ並び、海苔巻や小さな海鮮丼、稲庭うどんなど〆も充実だ。

カウンターに嵌め込んだ、木の目釘のガラス蓋木箱にぎっしり詰めた氷に竹簾を敷き、刺身サクを並べたネタ箱がとてもいい。何を切ってくれるかなあと楽しみに頼んだ〈刺身おまかせ五点盛り〉は俎板皿に鯛・蛸・赤貝・鰹焼き切り・小鰭《こはだ》。そのすばらしさ、特に小鰭は絶品。山葵にうるさいおいらもツンツンに満足、添えた酢橘《すだち》もうれしい。

酒は「佐久の花」常温、「鶴の友」お燗と飲み進み、初めての「篠峯」（奈良）へ。日本酒は二十種ほどを日替わりで出すそうで、これは来るたびに楽しみだ。

黒シャツの男三人と女性一人は無駄口叩かず、この仕事へのプロ意識が感じられる。店主の牧田さんは長いもみ上げ、唇の下にちょんと残した髭がチャームポイントだ。次々に埋まってゆく席は、男同士、女同士、カップル、中年夫婦と幅広く、開店一年にしてすっかり信用がついているのがよくわかり、すでにして店の風格ができている。居酒屋好きの好みを憎いほど把握した店作りに、大いに感心した。

東京、注目の居酒屋（二）

開店して一年にならないのに、予約がとれないと評判の「釉月《ゆうげつ》」を初めて訪ねた。人形町でも静かな通りの地下一階。カウンターと机二つ、奥に板張り座敷のシンプルな店だ。

酒の品書きをじっくり見て唸った。焼酎は芋、麦、米、栗、黒糖、泡盛に分かれ、注目は「初留　原酒」の項だ。初留とは蒸留器から流れ出る最初の滴を集めた、最も純粋な味わいの希少品でアルコール度数も高い。それが十四種もそろう。さらに焼酎を水割りして寝かせた「前割り」が十五種もある。焼酎ブームの頃は、やみくもに銘柄を集めた店が多かったが、ここは数ではなくタイプを重視して焼酎の豊かな世界を展開している。日本酒は有名、新鋭、実力の二十種ほどで、そのバランスに見識がうかがわれる。

料理は日付入りで書かれたお品書き半紙を写し出したらきりがない。この日のおいらの注文をすべて書こう。

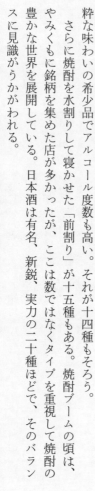

黒の生ビールがあるのに注目してビールの生々ハーフ＆ハーフでスタート。お通しの〈イカ塩辛〉の旨さに仰天した。塩辛といえども塩は浅いのに、生臭みが全くないのは相当フレッシュなワタだ。「ちょっと若いかもしれません」と声を添えていたが、熟れ具合は丁度よく、お通しでこんなにいいもの出しちゃっていいのと言いたくなる（いいです）。

ビール用にとった〈モツ煮込み〉は葱たっぷりに、大きなモツは丁寧な下ごしらえでアクは消えて旨味だけが残り、薄い味噌味に名酒「鳳凰美田」の酒粕がコクをつける。この上品な煮込みは白いご飯にのせて、牛丼ならぬモツ丼ができる。お好みでと言う香辛料「さつま町特産・ひらめき」は小ミカンの皮と鷹の爪と胡麻で、よくこんなの見つけたな。

日本酒「天寶一」のお燗はなんと骨董品の錫ちろり。初めて見る形に思わず「これはいいちろりだ」と声が出て、運んだ若い美人と目が合いにっこりされてうれしい。〈ポテトサラダ〉はマッシュがよくきいたソフトタッチにカリカリベーコンがワイルドアクセント。これは最後まで名箸休めの役をはたした。

酒を「開春山口」にして、本日の刺身から白羽の矢を立てた（書き方がノッてる）のが〈ヒラスズキ〉。背と腹身の両方に、豆皿の塩が添えられる。塩ワサビ→塩ワサビ酢橘《すだち》搾り→醬油の順に、刺身と酒に無言で集中。塩ワサビがよかった。

野菜の項から選んだ〈庄内浅葱と牡蠣の塩焼〉は、根元がほんのりピンクの浅葱の清らかな甘味と清潔な牡蠣が、軽い火通しの薄塩でまとめられ、庄内鶴岡出身の作家・藤沢周平の時代小説の清冽な武士と娘を思わせる（書き方さらにノル）。

モツ煮込みに酒粕、白身刺身に塩、焼物はほんのわずかの加熱。ここの料理はみな繊細に素材を引き立て、それはまた酒の味に注目させることになる。

焼酎「さつま寿」の前割りに合わせた〈ホタテの玉子とじ〉は青森の郷土料理・貝焼でブツ切り椎茸がうまい。〆に選んだ〈ブリのづけ丼〉は、これぞキング・オブ・ドンブリ、丼の帝王とだけ書いておこう。

小上がりには十人の団体もいるのに若い店主は落ち着き払って、みじんも慌てない。余計な装飾のない店内は釣花瓶の一輪挿しだけが清楚だ。手洗いにぎっしり張られた陶芸作家個展の案内はがきは主人の趣味をうかがわせる。

さらに！　ひっつめ黒髪に切れ長の大きな瞳が色気をたたえた仏像のような酒担当美人に目は♡（書き方さらにさらにノル）。そろいの黒Tシャツに、主人は信三郎帆布のコーヒー色の前掛け。新登場即、最高の名店に文字通り酔いました。

東京、注目の居酒屋（三）

越中島という場所になじみがなく、初めてのとき何線に乗ればよいかわからなかった。そこに雛にもまれな名居酒屋あり。店名「初乃《はつの》」の扁額、清潔な白暖簾は寿司屋のような構え。今日は二度目だ。

「こんちは」

「いらっしゃいませ」

若女将が美人なのは判っていたが今日は一段と輝いて、おいらは出合い頭でぼ〜。前回は何気ない白ブラウス、今日は紺無地の略着物（帯のいらないツーピース）に前掛け。「美人、地味好み」と言うが、あなたは豪華な着物モデルができる人だと言うと、顔の前で手を振り大笑いで相手にされない。

それはともかくここの実力は日本酒だ。祖母・初子さんが始めた五十年の老舗「初乃寿司」を居酒屋にするため若女将は神田の名居酒屋「新八」に修業に入り、〝燗酒の鬼〟にして名酒・神亀の伝道師、店長・佐久間さんから「毎日、神亀の燗を三合飲め」と一升瓶を渡された。

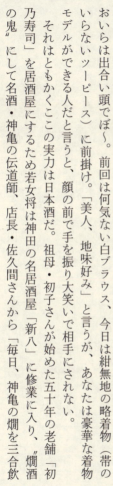

おいらは神亀は家で毎晩飲んでいるので、今日は初めてのものにしよう。すすめられた「東郷」は全量・鳥取県三朝町産山田錦の六十五％精白、アルコール度十八度の16BY（平成十六年の仕込み）。

ツイー……

「いかがでしょう」瓶を手に若女将が心配そうに聞く。「これは、ものすごく米のうまい酒ですね」おいらの感想ににっこり。「うまい米の酒は力強くなるが、これはへなへなの柔らかい腰が珍しい」「そうですそうです」「これを女腰と言う」。余計なひと言に向こうへ行ってしまった。失敗した。

お通しに選んだ〈蒲さし〉はデンプンを全く使わない山口県産の蒲鉾に塩ウニと山葵。山口で現役の海女さんをしている若女将の母の姉が、潜って採ったウニで作った塩ウニと聞き、手を合わせてからいただく。その旨さ。注文して十五分かかる〈〆鯖〉はさすが元寿司店の仕事。一人で気軽に〈すっぽん小鍋仕立て〉を楽しめるのもいい。

小カウンターと机の店内は明るく、随所に女性らしい清潔な気配りが行き届き、親亀が子亀を背に乗せた箸置きがかわいい。板場に立つのは白髪の二代目お父さん。居酒屋というよりは大人の小料理屋で、奥の小さな小上がりはくつろげる。

隣にスーツの男性一人と若い女性三人が座った。上司かな。男としては酒を選びたいところだが、あまり自信がなさそうで「何からまいのを」となった。どうするか若女将に注目すると、持ってきたのは香川「悦凱陣《よろこびがいじん》」の生酒だ。悦凱陣はどっしりした濃厚な味が特徴だが、その生ならばフレッシュで酒のコクもありそうで、男性にも女性にも喜ばれるだろう。他人の注文なのについ口が出た。

「それ、新酒？」

「そうです」

「後でぼくもください」

四人組がこちらを見て笑う。一升瓶から四杯注ぐと、ちょうどそこで空になり、入荷の少ない新酒はこの瓶で終わりと言われ、残念。

「わあ、おいしい！」女性たちの歓声に目が合い、男の方から「ひと口いかがですか」と勧められたが、まぁ、遠慮して、また笑う。

〆の、前回食べ忘れた〈深川めし初乃風〉は、汁ぶっかけでも炊込みでもなく、浅蜊・葱・白滝を塩胡椒で炒め、海苔と一緒にご飯に盛った、意表をついた旨さだった。

先日、新八の佐久間さんも来て、いい店になったね、と言ってくれたそうだ。ここはおいらの心の店だ。また行きますよ〜。

東京、注目の居酒屋（四）

中央線荻窪駅北口の名物大型焼鳥屋台はなくなったが、その先の角に、人形町の名酒亭「きく家」で修業した若主人の「有《ゆう》いち」ができている。今日初めて来た。

「きく家に昔よく行きました」

「ああ、どうも」

主人・橘さんがにっこりと笑う。きく家は二十年も前から知っているが今は高級酒亭で、ご主人夫婦の書いた『人形町　酒亭きく家繁昌記』はベストセラーになった。ご夫婦には酒の会などでお会いし「たまにはおいでください」と言っていただくが、コースでン万円の店はおいらには高嶺の花、グヤジー。

さてここの品書きは、

造り＝松輪寒鯖《かんさば》／能登寒鰤《かんぶり》／津軽平目

炭火＝大穴子白焼／特大目光

煮物＝やりいかと冬大根と山うどの煮物／海老真蒸の春野菜あんかけ

一品＝自家製焼胡麻豆腐／佐島活蛸桜煮／白鱚《しろぎす》と蕗《ふき》の薹《とう》の揚げ出し
食事＝江戸前海苔茶漬／出汁かけご飯／手打蕎麦／あさり汁
酒は鷹勇／大七／麓井／白鴻など、実力派。

いかにも酒をうまそうにする季節を先取りした肴、手堅い純米酒、〆が楽しみな食事。きく家の修業の成果がみごとに現れている。ウームと考えて決めた。

「新筍と若布の若芽の煮物、メバルの煮付、春ニシンのバッテラを、順番に間をあけて。酒は神亀の燗」

「かしこまりました！」

きく家を知る客と身構えていた橘さんがにっこりした。注文のコンセプトは「春がそこに」だけれどわかってくれたかな。

お通しは、刻んだ蕗の若緑が春を感じさせる温かい汁物豆腐。届いた燗酒の鉄錆色の瓢徳利に風格がある。

「いいもの使ってるね」

「ありがとうございます」

新筍の煮物は繊細な「若布の若芽」を出汁が優しくひきたて、筍と菜の花が香る。春告魚と書くメバル煮魚はこの時季のおいらの一番の好物。あっさりした煮方は魚本位で、つけ合わせ蕗の薹の苦味がきく。奨められた、神亀で修業した若手が神奈川で造ったという酒「昇龍蓬萊」をお燗した白磁徳利は、丸に近い四角がふっくらと量感をもち、薄い盃も気品がある。房を巻いた瓢箪の絵柄は繊細優雅だ。

「柿右衛門ふうだね」

「柿右衛門です」

「えっ！」柿右衛門は白磁の艶が特徴で、そうかなと思ったが。

ツイー……

神亀に似て、神亀ほど強い確信はまだない若い素直さがいい。しかしこれは完全に器の勝ちだ。円熟の気品が若い酒を優しく抱いている。

店は味にうるさそうな中高年夫婦客たちでいっぱいになってきた。中年女性ひとり客もいる。カウンター六席に机二つと質素だが、無口な見習いと年配お運び女性の、修業を積んだ若い主人への信頼が一本にまとまっていい雰囲気だ。

橘さんも、昇龍蓬萊の杜氏もまだ三十歳そこその若さ。人間で言えば春だ。居酒屋も酒造りも、きちんと修業を積んだ若い人が台頭してきてほんとに嬉しい。

おいらの注文は三品のはずだったがもう勢いがついてしまった。

〈三陸産床節の蕗味噌田楽〉は潮騒匂う若娘と山の素朴な若者が出会った三島由紀夫の世界（ワカル？）。

〈鰤の刺身と辛味大根〉は因業な親父と女くの一との真っ向勝負（ワカル？）。

〈春ニシンのバッテラ〉はむっちり肉厚酢〆若ニシンの色気に島らっきょう味噌漬がからむ妖しい春の夜十時（ワカラン！）。

個性派居酒屋の多い中央線に本格修業の名店誕生。もう「きく家」に行かなくていいや（行きます）。

冬の京都にて

　師走も押しせまった関西出張の帰りに、しめしめと京都に寄り道一泊した。もちろん居酒屋目当て。三条小橋の「めなみ」へ入ろう。

「こんばんは」

「おいでやす」

　京言葉の迎えがうれしい。白木も新しいカウンターでまず品書きを。いつもならおばんざいの何かと、季節の造り（刺身）から入るが、今日はかねて頼んでみようと思っていた品にしてみよう。

「ラムの山椒焼を」

「はい、おおきに」

くー。冬もビールがうまい。お通しは〈雲子〉ひとくち。鱈の若い白子、雲子は京都人好みの冬の品。頼もうかなと迷ったので一品得した気持ちだ。ちょいとつまんで、ふうと人心地。ああ、やはり京都のこのカウンターはいいなあ。「めなみ」に通って二十年。おいらは居酒屋のことを書く人になったんだなあ、とひとり追憶にふける。

「ラム山椒焼どす」

おお、できた。炭火で二十分も焼かれた骨付き肉は思いのほか大きく、手づかみでがぶりとやると、こんがりした表面を破ってたっぷりジューシーに柔らかく血がしたたり、盛大に振った粉山椒で唇がビリビリにしびれ、ビールに合う。これは頼んでよかった。

空き腹もおさまり燗酒だ。地酒「鷹取」は味がよくなった気がする。

ここは昭和十四年に川口なみさんが創業し、女主人ゆえ店名を「女なみ＝めなみ」とした。カウンターにおばんざい鉢を並べるのはこの店が始めたそうだ。二代目は器のコレクターで、使う食器はみな味がある。今日の徳利は黒地の窯変天目だ。おばんざいから選んだ〈揚げと丸大根煮〉はさすがにおいしい。

「今朝の新聞に、大根焚き、始まると出てたね」

「ああ、あちこちでしはります」

大根を大鍋に煮てふるまう寺の冬の行事〈大根焚き〉を、のぞいてみたいなあと思ったのをここで実現だ。おつゆを飲み干すと、つがいで翔ぶ雁の絵が器に現れた。

若い板前は目鼻立ちの整ったいい男。料理人らしく寡黙だが、近頃は何か聞くと答えてくれるようになった。三代目の美人若おかみは目下産休中でおいらはちと淋しい。様子をきいてみよう。

「生まれた？」

「生まれはりました、八月五日」

「どっち？」

「女子はん、一番目は男はんとか」

それはめでたい。若おかみは来年三月には店に復帰するそうだが、慌てず大事にしてや。祝うつもりで燗酒二本めとヨコワの造り。赤い魚でお祝い。今日は注文の順番が逆だ。

「渡辺ゆうて、東大出て電通に入り、映画俳優ならはった」

「ああ、おった、おった」。

隣りの年配二人の会話が耳に入った。亡くなられた俳優・渡辺文雄さんのことだ。おいらは生前に親しくさせてもらった。話す白髪の紳士は引退した大学教授で、渡辺さんの同窓らしい。京都を訪ねて幼なじみの女性に会っている様子だ。

「私は軽音楽部。まわりは慶応、同志社だったわ」

「ぼくはグリークラブ、よき時代だった」

「ほんになあ」

「ジョージ川口とビッグフォーね」

「小野満とスイングビーバーズ」

青春を銀座のジャズ喫茶で過ごしたのか、名前がぽんぽん出てくる。

「あと何年生きれるかな」

「あんただけでも長生きしてや」

「しかし生きることは、ええことやで」

「ほんま、きれいに生きたいわ」

そうだなあ。おいらは聞き耳をやめ、盃に一杯注いだ。あと何年生きられるかなあ。

京都には死ぬまでこよう。

春近い神戸

関西出張を一日延泊し、気になっていた二軒に行ってみた。阪神本線・元町から大阪方面へ六つめの新在家《しんざいけ》は初めて降りる所だ。「なかむら」は、あたりに店などない路地の一軒家。看板とえび茶の暖簾がなければ普通の家に見える。

十四〜五人でいっぱいの小さな店に紺作務衣の主人と、胸に「研修中」の札をつけた可愛らしい手伝い女性一人。木目の粗い手触りを生かしたカウンターがいい。自然木付台に置いた厚い素焼き皿一枚に、ごろりと横たわる太い山葵《わさび》二本が印象的だ。

お通し三点盛りは〈鴨ロース・菜の花と刺身ぬた・ポテトサラダ〉。鴨ロースの旨さに眼を見張る。甘味噌をのせた刺身も鮮烈だ。

「これ、みる貝？」「そうです」

ポテトサラダも丁寧に作られ〈鮮魚ムニエル魚焦がしソース〉〈まぐろとアボカドの黄味噌和え〉など、着物の主人は洋食も経験したそうで、手のかかった品が料理好きを感じさせる。では仕事のあるものを頼もう。神戸は明石の昼網の魚がいい。

「昼網の煮魚は何ですか？」「かわはぎです」

店主の言葉少ないのは気持ちは仕事にあるからだ。肝もついてむちっと煮上がったかわはぎは中庸おだやかな煮方でおいしい。人気定番らしい〈あなざく〉は関西風にパリッと直火で焼いた穴子に若布・きゅうり・茗荷薬味の酢の物。たっぷりの二杯酢に漬かる銀肌の〆鯖〈きずし〉もすばらしく、関西はやはり酢の使い方は一枚上手だ。混んできたが、みな常連らしく「おお、蒸しあわびがある」「急がなくていいから」と鷹揚で、ここの料理を楽しみに来ているようだ。

三宮に戻り、神戸の夜の繁華街・東門街入口の「小猿《こざる》」へ。小さく端正なカウンター割烹だが、カウンター材は檜白木ではなく木目の吉野杉なのが緊張をやわらげる。

「いらっしゃいませ」

手渡されたふわふわの熱いおしぼりがうれしく、顔も拭きたいが行儀がわるいのでやめる。畳表の敷物に置かれたお通し三点盛りは、扇形の折敷板に〈ホタルイカ酢味噌〉は百合花弁のような小鉢、〈うどのきんぴら〉は小盃、〈昆布〆サヨリひと口寿司〉は直にと、立体感のある美しい盛りつけだ。

〈赤貝造り〉は金箔俎板《きんぱくまないた》皿。銀肌に鮮紅濃い〈きずし〉は、荒々しい瓦皿と紙のように薄く梅形に抜いた大根に梅紫蘇の紅をほのかに染めた飾りの対比がいかにも春だ。

添えた緑のきゅうりの超薄切りに包丁の冴えをみて、この味と手のかかったしつらえが八百五十円とは申し訳ない。神戸「たん熊北店」で修業したと聞いたが、関西の繊細、ときに豪快な割烹懐石とはこういうものか。

白作務衣の板前は、髭をおとしたイチローのような、若いのに涼しげな風貌で落ち着き払い、包丁を置き場に戻すときクルリと返す技が癖のようだ。何か話してみたい。

「穴子のあちゃら和え、とは何ですか」

あちゃらはポルトガル語で、焼穴子をあちゃら漬という漬物と和える酢の物とか。

「関東で言うべったら漬、ですか」

そのあちゃら漬がパリポリとよいアクセントで焼穴子をひきたてる。

関西型の優しいしっとり美人の白割烹着若女将は、深いえくぼが魅力。久々の白割烹着美人に見とれて手もとが狂い盃を倒すと（コラ）、かいがしくお世話してくれ、恐縮だがうれしい。ありがとうございました。

神戸の二軒はどちらも関西らしく、酒よりも料理主役で、素材や盛りつけに意を凝らし、客もその味にひかれてやってくる。女性は美人で優しい。関西に春を訪ねた出張帰りでした。

本郷、春の宵

春風に誘われて本郷の露地奥の居酒屋「季よし」に久しぶりに入った。カウンターの大皿には浅蜊《あさり》煮、筍煮、シラタキ煮、銀鱈《ぎんだら》煮、空豆に毛ガニもある。ここは魚のうまい店で、小黒板の本日の魚から〈愛知・赤貝〉を頼み、やや考え「房州・青柳も一緒盛りで」と追加した。

まずは燗酒一杯、ツイー…

春のぬる燗ほどうまいものはない。届いた一皿は真っ赤な赤貝と薄オレンジ色の青柳が緑の大葉に映えて、春来たる。今剝いた貝は濡れてつやつや光り、セクシーな甘味が春情をもよおす。後ろの小席はアラサー風美女二人。女子でもこういうひっそりと隠れたような居酒屋に来るんだと感心する。

盃を手にいつの間にか主人と話し始めた。この店は明治五年創業の古い魚屋「魚伊之」が先祖で、創業の初代伊之助（それで「魚伊之」）は五百坪の広大な敷地に豪邸を建て、周囲の家屋敷は人に貸すほどだったが、二代目金太郎は博奕打ちの遊び人で、

その身代をきれいにつぶしてしまった。男前で背中に〝岩で火縄銃を構える〟彫物を入れていたと言う。

「その入れ墨が、東大博物館に残ってるらしいんですよ」

「へえ」

東大博物館にホルマリン漬けの入れ墨皮膚がいくつかある、という記事を読んだ事がある。

魚伊之三代目の市太郎は店を盛り返し、息子の長二郎が四代目を継ぎ、弟の清さん（それで「季よし」）は仕出屋からこの居酒屋を始めた。

本郷は帝大のある古い屋敷町。明治の頃の魚屋は、お屋敷の人寄せには庭で魚を捌き、お婆ちゃん手製の煮物なども運んで宴会を支度する。午後二時頃に仕事は終わり、それからは稽古事や博打遊びに出た。昔は夜は暗いため宴会は昼間やったのだそうだ。

小席の美女は先ほどから何となくおいらを見ているようで、気があるのかなとニンマリしていたら「遅れてごめん」と男が来て加わった。

しかしのみならず、なんと美女が「もしかして太田さんですか」と声をかけてくる。おいらの本をよく読んでくれているそうで、一緒に飲みませんかとなり、小上がりへ移動。酒も追加して楽しくなってきた。近くで医学専門雑誌を作っているそうで、さすが東大のある本郷だ。話すうちに、東大の中にバーができて一般人も入れると聞き

「それは面白い、連れてってください」とお願いして店を出る。

　夜の農学部キャンパスは一層広く感じられる。歩いて行くとセミナーハウスのような建物「東京大学向ケ岡ファカルティハウス」についた。二階奥が銀座のバー「S」がやっているというそのバー「S the University of Tokyo」だ。

　カウンターと一段上がったテーブル席。白シャツに黒ベストの四人が働く店内はゆったりと広く、木を生かした内装はリゾートホテルのラウンジのようだ。

　メニューは「BYO（キープボトル）、メンバー、ビジターの三段階に値段が分かれる。ビジター九百円の「東大ハイボール」はジンジャーエール割りで、ひりりと辛い。隣席で談笑する若い五人はやはり東大生なんだろうな。身なりもこざっぱりして、自信がありそうだ。

　昔、東大駒場寮にあったバーに入ったことがあり、その時一緒だったのが、かの忌野清志郎なのがおいらの自慢だ。古い木造の駒場寮と違い、こちらはモダンで国際的で、学生の雰囲気も大人っぽい。

　入れ墨と美女と東大。不思議な春の宵でした。
　　　　　※本郷「S the University of Tokyo」は閉店しました。

金沢の居酒屋

加賀百万石の城下町・金沢。通人は京都を避けてこちらに遊ぶという。しからば金沢の居酒屋はどうなっておるのか。まずは香林坊の老舗「大関」へ。

「こんちは、お爺さんは?」「寒いのでお休み」

孫のおかみさんが答える。「大関」を創業した平角太《たいらかくた》郎《ろう》さんは明治三十九年の金沢生まれで御歳百三歳。今も毎日玄関のパイプ椅子に座り、客の出入りを見ているが今日は大事をとったのだろう。おいらはまえに来たとき手を握らせていただいた。

金沢はお茶屋文化の町。角太郎さんは東茶屋街に店を持っていたが、戦後これからは茶屋遊びのお大尽ではなく大衆相手にと、当時は何もなかったここ木倉町《きぐらまち》に店を開き、新天地と名がついて繁華街になった。

まずはおでん。金沢はおでんの町で「赤玉」昭和二年、「菊一」昭和九年、「高砂」昭和十一年と戦前からの老舗がこのあたりに並ぶ。「大関」もおでんが名物。金沢お

でん代表の梅貝《ばいがい》は、殻の柔らかい巨大な白梅貝の中身を抜いて切って出す。ぬらりとした旨味は金沢の味だ。今が最盛期のホタルイカは身がぷりぷりと太り、うどを添えた黄色い酢味噌によく合う。品書きは旬の刺身に川魚の洗いから、加賀料理の〈治部《じぶ》煮《に》〉まで豊富で当店名物の〈出汁巻〉は特大だ。

この店の良さは家族、老夫婦、男同士、女性仲間、カップル、一人客と、あらゆる人が来る客幅の広さだ。今日もよく混んでいる。

お茶屋文化の伝統だろうか、クラブホステスを連れ出した中年男の同伴も多い。おいらの隣は高々と巻き上げた金髪に、ど派手な豹柄ロングドレスの女性と、あまりパッとしないジャンパー中年男の同伴カップルだが、べたべたせずあっけらかんとして、子供連れもいる中で違和感ないのはある意味健全だ。それは安く良心的な店にてきぱきと愛想よく働く主人夫婦、息子二人、ご主人の姉という家族経営の安心感からだろう。角太郎さんの「茶屋遊びの町金沢に、誰もが入れる大衆居酒屋を」という願いは実った。店名「大関」は角太郎さんが「出世をめざして生涯現役で精進する」意気込みで命名。その縁で置く酒も大関に。「生涯現役」は百三歳の今も続いている。ここはまさに金沢の居酒屋の原点だ。

香林坊交差点から武家屋敷へ通じる「せせらぎ通り」は名の通り、小さな堀川に沿って道がカーブし、各家の玄関ごとに小橋がかかる。その一軒「猩猩《しょうじょう》」は小さくモダンな酒亭で若い人に人気だ。

「こんちは」「お、太田さん」

ここは北陸地酒が充実し、質の高い地物魚、気の利いた珍味が安く楽しめる。今日のカウンター客はほとんど女性で、おいらは嬉しいような、恥ずかしいような（嬉しいです）。店を手伝う金沢大学四人組の交替アルバイトの今日はういういしい美人女子大生で燗酒の温度を真剣に見ている。

「学部は？」「工学部土木建設工学科です」

人気の「ドボジョ」とは頼もしい。青々ときれいな蕗の青煮のさわやかな香りは彼女のイメージ。万十貝《まんじゅがい》の刺身は色っぽい甘味が酒をひきたて将来の彼女のイメージ（コラ）。これは北海道産で、走りの金沢地物はまだ値段が三倍もして使えないと主人は口惜しそうだがおいらは満足だ。時季の加賀野菜・金時草のお浸しは、カニ身たっぷりに、出汁のジュレとおろし生姜ののる意外な大作で、ワカメのようなぬるしゃきの食感がいい。脱サラ主人は十一年目に入り自信と余裕がついてきたようだ。前に来た時、自家製ではなく「実家製」という母上のかぶら寿司がおいしかった。息子を助けるお母さんに感謝。

観光都市金沢にも、そこに住み、そこの人が通う居酒屋がある。

京都の居酒屋の歩き方（一）

京都に来てなにも大衆酒場に入ることはないと思うが、今回はそこを歩いてみよう。

四条河原町交差点から少し入った裏寺町路地角の「たつみ」は昼十二時から夜十時までぶっ通しの営業。左右に二つある入口は昔は銭湯だった名残り。すぐにカウンター、奥は広く机席が続く。四角にまわるカウンターの半分は立ち飲み、残りは椅子。立ち飲みの端がおいらの定席で、ここは従業員の立つ隣で注文しやすい。

壁を埋め尽くすビラ品書きはおよそ二百種か。きずし、ヨコワ刺身、ほたるいかボイル、香住産エテカレイ、穴子天、蓮根天、里芋まんじゅう、山陰産青のり、お餅となすび揚げ出し……等々平均価格およそ三百五十円。カレーコロッケは一個二百八十円、二個三百八十円。人気は鳥肝煮、穴きゅう（穴子と胡瓜のぽん酢）あたり。酒はビール、チューハイなんでもあり。おいらはまずは立ち飲み定番、生ビールと鰻肝焼できゅー、ああうまい。

夕方四時に満員だ。おいらの隣の立ち飲み一人男は、終始無言ながら注文に迷いがなく、最後に「お茶」と言って出ていった。端の若い三人組は「どれだけ会話を生み出せるかや」「理論武装も必要やで」と会話がまじめだ。以前来た時、白髪の二人がフランス革命と国際連盟だかの難しい話をしていて、京都の酒場はインテリだなあと感心した。

せっかくなら京都名物をと選んだ〈いもぼう＝干鱈と海老芋の煮物〉はたいへん美味。〈かれい煮付〉は身が大きい。酒は黄桜のガラス瓶燗だ。白上っ張りの若い従業員は返事も調理場への伝達も明快で、品が届くと目の前の伝票に横線を入れて安心感がある。〈たつみ特製粕汁〉三百二十円（キムチ入りはプラス五十円）は、具沢山に濃いめの粕でたいへんおいしかった。京都に来たら、何時でもまずここに来ればよい。

三条木屋町の「よしみ」は夕方四時半から。こちらは広いコの字カウンターで、せっせと働く中の厨房を見ながらの酒だ。昔から鯨が名物で「鯨はこんなに役に立つ」の図解が懐かしい。

おでんは京菜と聖護院大根が京都らしい主役。巾着、ロールキャベツも大きい。大衆酒場なれど季節感に力を入れ〈のびる酢味噌和え〉は青いところ、中間、根元の球ときれいに切り分けた盛りつけがいい。〈かますご〉はイカナゴ（関東で言うコウナゴ＝小女子）の成長した八センチほどの細魚で、ボイルしたのを甘酢で食べ、春らしくおいしい。主人の「今なら、春キャベツと浅蜊の酒蒸し、新玉葱」と聞いて頼んだ新玉葱は、丸のまま一個を電子レンジで三分半チンしたもので、醬油を少しおとした熱々はとろりと甘く芯にゆくほど熱い。ここにも粕汁。京都の春の居酒屋は粕汁、かますごが欠かせないようだ。

「よしみ」はおよそ二十年前、何も知らない京都に来てまず入った思い出がある。その時ですでに開店五十年と聞いた。今は白髪の主人の顔に見覚えがあるような、ないような。昔の客はタクシー運転手かブンヤ（新聞記者）が多く、朝日新聞は常連で、選挙の時は炊き出しを届けたそうだ。大人の多い「たつみ」に較べ、こちらは若いカップル度が高く、隣の母娘らしい二人は〈春山菜天ぷら〉をおいしいおいしいと喜んでいた。

京都は観光店と地元店がはっきり分かれている。観光は京都の最大産業ゆえ、観光店に地元人は入らない。京都にも地元用大衆酒場はあり、そこにもどことなく京都らしさを発見するのはおもしろい。

京都の居酒屋の歩き方（二）

新京極通りの「京極スタンド」に入ったときは狂喜した。開店昭和二年。通りに面してレトロな白暖簾に赤く「スタンド」の図案文字。古い木のドアの左右は曲面ガラスのショーウインドウでステーキやハムカツの食サンプルが置かれる。

長方形の店内は黒テラゾーの床、釉薬焼つけタイルの腰壁、その上の白漆喰《しっくい》壁に天地三十センチほどの横長の鏡が左右いっぱいに走る。白壁は丸みを持って天井になり、H状の別天井をつけて両側に間接照明が長く仕込まれる（判ります？）。そこに羽根扇風機が大小三つ。

注目は幅六十センチ、長さ六メートルほどの細長い大理石カウンターテーブルで、客はいやでも互いに目の前に向きあう。居酒屋に石のテーブルは珍しく立ち上がりも御影石だ。逆側の壁に沿って木製丸テーブルが三つ。突き当たりの石のハイカウンターは今は酒の支度場所だが、昔は立ち飲みスタンドだっただろう。

照明は天井据えつけと曇りガラスダウンライト、壁つけはステンドグラス。石と金属を多用した内装はアールデコ。

居酒屋のほとんどは和風だが、ここはイタリアかスペインの小さなバールのように京都モダンが残り、まことに珍しい。天地一メートルの巨大な「大入」額は、右に「月桂冠大倉」左に「麒麟麦酒株式会社」。舞妓の油絵も古くさくて合う。昼十二時から夜九時まで通しの営業で昼過ぎに満員だ。

お徳用の「スタンド定食九百円」の本日は〈ステーキ・コロッケ・パスタ・サラダ〉にご飯とデラックスで、これに生ビールの客が多い。名物〈あんかけビーフン〉は大井に超うずたかく盛り上がり、若いのは一人で挑戦、ＯＬは三人で分け合う。ミックスフライ、オムデミグラスソース丼、和風ハンバーグなど洋食のほか、早くもヨコワ刺身、菜の花お浸し、湯豆腐に燗酒の本格派もいる。

「今日は早いな、まだ一時やで」

「夜の一時？　がはは」

すでにできあがってご機嫌な中高年三人組が、店の姉さんに冷やかされてまぜっかえす。食堂、居酒屋、ビアホールが渾然一体の賑わいは、まさにバールだ。

さておいらは。

「生とローストビーフ、ポテサラ」

「おおきに」

戦前のままらしい右書き「スタンド」の伝票がいい。お運びの四人の女性は皆はきはきし、迷うと「そっち、そっちのお客さん」と声をかけ「おう、こっち」と客が手を上げ、昼間の酒場は和気あいあいだ。ローストビーフはキャベツ、大根おろし、スパサラダに酢醤油。最後に頼んだあっさり醤油ラーメンのおいしさにスープをぜんぶ飲んでしまった。キリンビールの復刻ポスターが全く違和感なくなじむ「レトロモダン居酒屋遺産」認定！

川端通りの「万長酒場」は入るとすごい。赤提灯の下がる囲みカウンターの店内は、舞台や公演ビラの重ね貼りで埋め尽くされ、どれが品書きかわからないほどだ。枝雀師匠の巨大な写真パネルが無造作に置かれ、ガラクタの積み重なる隅には小型テレビが放り出されて落語ビデオが写っている。京都の「雅《みや》び」や「はんなり」に抵抗するかのようにアナーキーな店内は痛快だ。

個性派俳優・大杉漣に似るマスター、名物の肴〈エレベーター〉は薄揚げと大根おろし（上げと下げ）で、二十分かかる大作。こういう店は、またやはりファンがいるもので、男一人客が黙々と本を読みながら焼酎を飲んでいる。

京都もいろいろでっせ！

京都の居酒屋の歩き方（三）

千年の都・京都。日本を代表する国際観光都市。年齢が増すとともに古き日本の情緒に浸りたくなる。

そしておいらは酒を飲みたい町のトップに京都をあげたい。そのわけは

①京都独自の細やかな食文化
②柔らかな京言葉の粋な居心地
③店から店へ歩く町並みの楽しさ

ついでに東京の悪口を書くと、

①しょっぱいだけの田舎の味
②武骨な言葉の荒っぽい居心地
③店から店へ歩く町並みの味気なさ、となる。

つまり京都は店に居ても、外を歩いてもまるごと京都。いま京都で酒を飲んでいるという華やぎが最大の魅力で、こういう町はなかなかない。

「赤垣屋」は川端通り二条。展望の開けた鴨川沿いの縄のれんに赤いネオンはパッと

しないが、中に入ると、ひんやりした三和土《たたき》、割竹の壁、年代を経た天井から裸電球が下がり、ながい時間の堆積が満ちる。京町屋らしく奥に深く、椿植え込みに石畳の坪庭を囲んで開け放った座敷もあり、通りからは想像できない変化に富んだ居酒屋だ。

特等席は入ってすぐのカウンターと、その後ろの小さい京畳三枚ほどの小上がりだ。カウンター角にはおでん槽、後ろは冬は四斗樽、夏は生ビールサーバーが座る。酒は京都の「名誉冠」。おいらは夏も燗酒だ。経木《きようぎ》筆字の品書きは季節の刺身から始まり、てっぱい（ぬた）、万願寺、さらし鯨など京都らしい品が並ぶ。ひとつ選ぶのなら〈きずし〉だ。酢じめ鯖が二杯酢に浸されてしなだれかかり、酢洗い程度の刺身に近い関東の〆鯖とはおおいに違う。

京都の居酒屋は、赤垣屋にはじまり赤垣屋に終わる。居酒屋の少ない町で観光に全く関係なく戦前からひとすじに黙々と居酒屋を続ける京都の日常の居酒屋の代表と言えよう。

鴨川に沿い三条と四条をつなぐ細路地の先斗町は京都に来た人の誰もが歩く魅力的な小路で、石畳をはさんだ両側に延々と続く店はどこも入ってみたくなる。中ほどの一五番ろーじ（路地）角の紅殻壁《べんがら》が「ますだ」だ。

引戸を開けて奥に回り込むと、黒石洗い出しの床、網代と葭簀《よしず》の天井、天井の桟に挟んだ長刀鉾《なぎなたほこ》などいかにも京都の小粋な居酒屋だ。八人ほどの小カウンターには、おから、山ふぐ、たにし、湯葉《ゆば》真薯《しんじょ》、鴨ロース、ニシン茄子煮などのおばんざいが並ぶ。きずしは、出汁《だし》の利いた二杯酢に針生姜が絶妙の役割。ほっこり味のしみたイワシ生姜煮、よく漬かって酸味のでたタクアンを炊いた大名炊きも定番人気だ。今日のお通しはたたき牛蒡の胡麻和え、おいらはイイダコ煮と青唐じゃこ煮で燗酒にした。

ここは先斗町いや京都でも、ある意味で最も格の高い店だ。常連に司馬遼太郎、奈良本辰也、梅原猛、桂米朝、大佛次郎、ドナルド・キーン等々。先代おかみ・増田たかさんは、豪放磊落な人柄で多くの京都文化人に愛され、彼らの連れた要人賓客がこのカウンターに座った。例えばフランスの哲学者サルトルもその一人。さりげなく飾られる書画は大家のものばかりだ。

といっても文化人サロンではなく、仕事を終えたサラリーマンや大学の先生、南座観劇帰りの夫婦も、それぞれ静かに飲んでいる。さりげない居酒屋で市井の人が文化人と並んで普通に盃を傾ける。東京にはこういう店はない。決してどやどや行かないように。

京都の居酒屋の歩き方（四）

祇園は京都観光のハイライト。紅殻壁《べんがら》の一力茶屋からの花見小路は、二階に簾《すだれ》を下げたお茶屋が続き、「すてきねえ」とため息をもらす観光客がひきもきらない。どこか入ってみたいが敷居が高く、眺めるばかりだ。

花見小路一筋西の艶っぽい細路地は、観光客の去った夕方から石畳に水を打ち、置行灯《おきあんどん》に野花を添えて明かりを当て、ひっそりと客を待つ。「祇園きたざと」はその一軒。小さな玄関（京都の店はどこも玄関が小さい）で履物を脱ぎ（京都はどこで履物を脱ぐかわからないから上等な靴で行くこと）、冬ならばここでコートも脱いでちょっと襟元を整え（つねに身なり注意）、板の間に上がる。

すぐ右が床座りの小カウンター、左は板の間に座布団の座卓席、奥の坪庭脇は畳の小間。モダン和風の軽快な内装は明るく気持がよい。

品書きは値段明記で安心だ。本日のお通しの鯖は煙の匂いがする。

「これ、燻製？」「そうどす、塩して干して、燻《いぶ》し」

最近凝りだしたそうで、添えた蒲鉾もスモークだ。京料理に燻製はない。主人は京都にこだわらない日本中の旨いもの派で、それが酒飲みにはありがたい。板前割烹に代表される京料理は凝っているが酒には向かず、しずしずとコースが続いておいらは苦手だ。おいらはここの品は端から注文し、なにも京都で食べなくてもよいだろうと思う〈納豆オムレツ〉まで試したがこれがうまかった。

今日は季節の〈桜鯛刺身〉（量少ないが味濃厚）、必ず頼む〈鯛のカマ焼〉（いつも夢中）、なんでもない〈もずくとろろ〉がじつにうまい。当店名物〈焼とろろ〉のいい香りがしてきておいらもと迷う。

「おこしやす」

腰を落とした三つ指はお嬢さん。大きな瞳、長い髪に柳腰の着物姿は、花も恥じらうとはこの人のための言葉。去年、大阪国立文楽劇場の花柳流京舞発表会で、母子二人舞（と言うのかな）を見せていただいたが、母の芸格、娘の清雅はみごとなものだった。厨房にいる息子さんは杵屋流三味線名取りで、この六月には歌舞練場で、姉（綾左）の京舞と弟（浩右）の三味線の「左右」共演をするという。

「へえ、それはいいなー」「席とりまひょか」

こんな話をしながら祇園の一杯、いいでしょう。

三条小橋たもとの「めなみ」も必ず訪ねる店だ。今日のお通しの〈蕗味噌ときゅうり〉は八丁味噌の苦味が蕗と合う。〈平目昆布〆〉はオレンジ色の粉がまぶされる。

「これ、カラスミ？」「そうです」

イケメンの若い板前は京都出身だが、現代の若者らしく京言葉を使うのが照れるらしい。美人若おかみは子育てからまもなく復帰するそうで楽しみだ。

すぐ近い西木屋町通りの「よしま」は深夜二時まで俳優・船越英一郎に似る主人とすてきな美人奥さんが立つ。名物のグラグラ煮える〈湯豆腐〉は鍋に入れた醤油たれが秘伝で、皆さん豆腐が終わると湯に放っておつゆにして飲んでいる。玉子三個を使う〈だし巻〉も人気の一品。

カウンター端に座られる九十二歳のお母さんに、おいらはいつも何か話したい。

「お元気で何よりです」「それが取り柄です」

にっこりお笑いになる有り難さ。大正六年五月十五日、葵祭の日にお生まれというのがいい。お名前「ヨシ子」が店の名になった。戦後すぐ「素人料理」として始め、昔は朝八時までやっても客がいたそうだ。本日三軒はしご。

京都の居酒屋の歩き方（五）

洛北に新旧の名店あり。旧の代表は北野天満宮近く、千本中立売の「神馬《しんめ》」だ。

百年、二百年の店は当たり前の地だからうっかりしたことは書けないが、昭和九年開店の「神馬」は京都の現役居酒屋としてはかなり古いほうではないか。百年を超える瓦屋根蔵造りの白土壁に「銘酒神馬」の鏝《こて》文字浮き彫り。玄関周りの袖垣や飾り窓などの艶っぽい細工は、隣は花街の上七軒なのだと納得する。中はさらに古めかしく、手前は大きなコの字カウンター、小さな太鼓橋を渡った奥は長大な一本机だ。

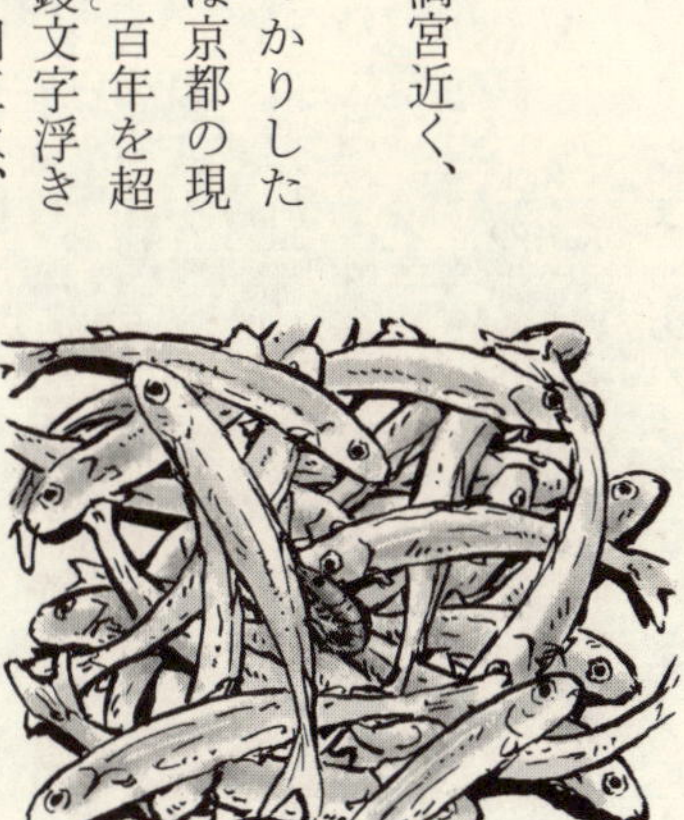

二代目主人に、長い料理修業を終えた三代目息子が帰って来て料理は飛躍的に充実した。つぶ貝・子持ち昆布・空豆・穴子巻・小鮎煮を小皿に詰め込むように盛ったお通しはじつに丁寧で、料理人の意欲が伝わってくる。「やあ、太田さん」その御本人がおいらの声を聞きつけ厨房から出てきて破顔一笑。店の雰囲気が明るい。

ピンク色のコシビ（ヨコワより小型の若いマグロ）刺身と桜鯛の盛り合わせ、ウーンと迷って決めたタイラギ（平貝）塩焼きに、当店秘伝ブレンド日本酒のお燗がぐんぐん進む。

檜皮庇《ひわだ》の下の大きなおでん槽は外はアカ（銅）、中は錫の特注だ。鯨コロで出汁をとる名物おでんは主人のお姉さんの担当で、丸大根、海老芋が終わった夏はお休み。「（毎日味に気を遣うので）すこうし楽なりますわ」と笑う。主人は最近よい魚が減ってと嘆くが、おでんから高級な鱧《はも》松茸小鍋まで、これだけの品がこの値段でいただければ全く文句はない。隣の老夫婦客は身をほぐしてもらった毛ガニ一杯を、ゆっくり噛みしめるように味わっている。

京都市井の古く艶っぽい居酒屋の空気が存分に残っている神馬は、京都居酒屋巡りに欠かせない名店だ。先代名物おかみが築いたこの店の物語をおいらの『居酒屋百名山』でぜひ読んでくれ。

すこし下がった高倉二条の「魚とお酒ごとし」は最近京都に開店した店ではピカ一だ。すっきりしたモダン和風の店内は明るく、神馬の超古風な艶っぽさとは好対照。このモダンもまた京都だ。

カウンターに立つ丸刈り若主人と着物を着ても高校生のような奥さんの二人は初々しく、黙って仕事をしているのを見ているだけで応援したくなる。ここで「祇園きたざと」のご主人一家がなごんでいるのにお会いしたことがあり、あの主人が来る店なんだと納得した。さて今日は。

「のどぐろ開き一枚、酒は日置桜」

「へい」品書きは日本酒がたいへん充実し〈旨い燗酒多数ございます〉の添え書きが頼もしい。

ツイー……

うまいなあ。繁華街を外れた人通りの少ない夜の京都の居酒屋で、一人一杯傾けるのは最高だ。こうして旅に出ると深々と日本酒の良さを感じる。

「氷魚《ひうお》いかがですか、時季です」

無口な若主人が珍しく口を開いた。おいらはここは四回目、ようやく常連になった気分だ。〈氷魚と水菜のお浸し〉は別々に手のかかった意外な大作。白い細身四センチほどの氷魚は琵琶湖の鮎の稚魚で、春の解禁になった。網にかかったのか極小の川海老がそれでも「つ」の字に赤く混ざっているのが可愛らしい。もう一品のお椀もの〈あさりと青海苔の汁物〉の木の芽の香りに、初夏の到来を感じた。

千年の都・京都の居酒屋は、料理に厳しい土地柄を反映し、伝統とモダンを合わせ持つ。手抜きのない仕事を肴に一杯やるのが醍醐味だ。

そうだ、京都いこう！

居酒屋の豆腐

好きなものをひとつあげよと言われて「豆腐」と答える人は多い。おいらも同じ。醤油さえあれば最高の酒の肴。刻み葱か削り節でもつけば御の字だ。誰かのエッセイに「嗚呼！　豆腐」と大きく出て「豆腐はそれ自体で旨いのみならず、鍋やすき焼きではまわりの旨味をすべて吸い、最後を飾る真の主役」と絶賛していた。

居酒屋でも「とりあえず豆腐」。買ったのを出すだけだからすぐ出て、つねに期待を裏切らない。世のかみさん連は「そんなウチでも食べられるものにお金出して。もっと変わったものを注文しなさい」と言うけれど、ウチでも食べられるものを外で食べるのが居酒屋の醍醐味なのだ（ワカランだろうな）。居酒屋は定番だけに、良い豆腐を仕入れなければと気を遣う。それも大切だがもうひとつ。

盛岡の古い居酒屋「とらや」の客のほとんどは座るやいなや「豆腐」とひと言。その豆腐は切られていない一丁が大皿にでんと置かれ、刻み葱と削り節が山のようにか

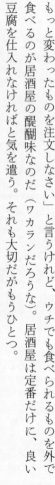

ぶる。そこにタラーリと醬油をまわして切り崩す。豆腐には辛子が薄く塗られていてこれが効く。夏は冷たい豆腐で、秋からは昆布の出汁《だし》つゆで温めている湯奴に変わり、おいらはこっちが好きだ。盛岡は豆腐の消費量が日本一とか。

その後、この昆布出汁つゆで温めた豆腐は古い居酒屋の定番と気づいてきた。札幌は古い居酒屋の少ないところだが、貴重な一軒「金富士《きんふじ》」で「豆腐」をとると、とらやと同じものが出てきた。横須賀のやはり古い「銀次《ぎんじ》」は、特大アルマイト鍋の鱈と昆布の出汁つゆで温めてある豆腐をすくって辛子をぺったりと塗り、刻み葱と、そのつど搔く削り節を山のようにかけて出す。普通の大一丁が基本だが、最近客の要望で「半丁」も出すようになった。東京では渋谷の名立ち飲み「富士屋本店《ふじやほんてん》」の豆腐がやはり同じで、たいがいの客はこれか〈こんにゃく煮〉をまず注文だ。

昆布と鰹節と豆腐ならうまくないわけがない。どこの店も一丁をそのまま出して、酒飲みはこれが好きだ。

東京根岸の名居酒屋「鍵屋《かぎや》」も数少ない品書きに豆腐は力を入れている。まず冷奴は、網柄の皿に小さな木の簀《す》の子をのせ、豆腐半丁をそのまま置き、黄色のおろし生姜と緑の刻み大葉をちょこんと二点盛り。なんとも清々しい粋なしつらえはこれぞ江戸っ子の美学。つけ合わせの醬油はすでに鰹節の出汁をきかせてあり、永年洗い続けて角が丸くなった木箱の薬味葱は使い放題。おいらは豆腐が終わると、醬油と葱だけでしばし楽しむ。葱はどんどん追加されるのが嬉しい。

居酒屋や料理屋でうっかり湯豆腐をとると、白菜、椎茸えのき茸、シラタキ、麩《まりふ》など余計なものばかりで往生する。湯豆腐なんてそんな大げさなものじゃない、シンプルに豆腐だけでいい。鍵屋の湯豆腐は簡単なステンレス鍋に昆布と鱈ひと切れ、春菊一本、柚子皮一片のまことに美しい姿だ。もう一つ「煮奴」は鶏すき焼き後半の豆腐だけ上げたような煮汁のしみた熱々で、好きな人はまず冷奴、次に煮奴と、両方をとる。

煮汁のよくしみた豆腐なら北千住の名酒場「大《おお》はし」の〈肉豆腐〉だ。大鍋の名物煮込み（牛肉ですぞ）に浮かべた豆腐半丁は、あっさり、よく煮え、を選べ「豆腐だけ」の注文もオーケー。一皿終えた二皿めに煮汁をかけ注ぎ、十皿平らげた女性もいるそうだ。

嗚呼！　豆腐。男は黙って「豆腐」。今夜は冷や酒に冷奴で「いいですねえ、日本の夏」といこう。

山城屋酒場

江東区南砂の居酒屋「山城屋酒場」はどこの駅からも遠い。一番近いと思われる地下鉄「住吉」駅から歩いて二十分もかかった。ここは四時開店。すでに奥には常連がいる。

ふう暑い。扇子ばたばたと胸に風を送り込み、喉も裂けよとビールを流す。壁一面三段の品書きビラは真新しい白、中古、茶色になった古いのが三色入り交じる。まずは〈鰻肝焼き二本三百二十円〉だ。

高い格天井《ごうてんじょう》に今は使われない羽根扇風機が残る。冷房のない時代に客はこの下で涼んだことだろう。京島「三祐酒場」、四ツ木「ゑびす」、向島「赤坂酒場」のように、東京の古い大衆酒場は現代の鉄道網とかけ離れた場所にあるのは興味深い。

奥の三畳小上がりのかまちが定位置の店のお婆さんによると、当店は昭和二十八年十二月八日ここに新築開店した。正確に憶えているのは、開店二日前に二十七歳で嫁入りして結婚祝言し、二日後に店が始まったからだ。

「へー、新婚早々に開店じゃたいへんでしたね」

「そうよ、でもお父ちゃんを助けなきゃ」

ご主人は大正十五年生まれで「半年、歳下」。今日は姿が見えないが、前来た時に、夫婦ご一緒の写真を撮らせていただいた。

今ここは老夫婦と娘の晴美さん、晴美さんの弟にあたる長男、そして男孫の三世代五人が働く。孫は二十五歳。運送業をしていたが店に入ってよく働き、「お婆ちゃん、座ってていいよ」と優しく顔をほころばす。奥をのぞくとかなりイケメンで、きっともてるだろう。

住吉駅近くの「山城屋酒場住吉店」は親戚がやっている。山城屋を名乗る店は多く、壁のカレンダーの山城屋商店は浦安の猫実《ねこざね》にある酒屋・食料品店だそうだ。

ビール二杯目。刺身、フライ、焼魚、肉炒めなど何でもありの品書きに〈目玉焼・二百七十円〉がかわいい。異色は〈いなご〉だが注文があるのだろうか。おいらの気に入りは〈スタミナ納豆〉。納豆・上マグロ・小タコ・刻み山芋・卵黄・葱・山葵・糸海苔のてんこ盛りを、握った割箸でウムを言わさずもうれつに掻き回すと、増えるわ増えるわ。丼にあふれんばかりになり、限りなく頼もしい。オススメです。

一人また一人とやって来る客は、カバンも上着もないサンダルつっかけ手ぶらの近所の常連ばかり。一様に「あーあ、やってらんねーよ」と（わざと）投げやり口調で入ってくるのがいい感じだ。そのうち妙齢女性三人が来て店は微妙に華やぐ。女性組も常連らしく入口近くのテレビ下に陣取り、ビールジョッキガチャーン、ングングングだ。男どもはテレビに目をやるふりでちょいと目線を下げて女たちを見る。いいなあ下町酒場。

店の外は珍しい五叉路だ。お婆さんが「店主は葉山良二に似たいい男」という隣の酒屋「三笠園」の張り紙〈日本酒、焼酎などもまあお安くなっております〉が泣かせる。のぞいたが葉山良二氏は見当たらず残念。

その足で住吉店へ。こちらは地下鉄乗降客を狙える立地だ。新築間もないマンションの一階で明るく新しく、大きなカウンターに奥の席も広い。人気のトマトハイが煮込みに合う。飾られた「山城屋」の御用提灯は脇にそれぞれ、小松、佐山、柴田、板倉、佐久間、鈴長と入り、御一党かもしれない。いつの間にか話し始めた隣のカップルは看護師さんと遊び人らしき老年。美人看護師さんに「こんどみてあげるわよ」と言われ、クラリとしたおいらでした。

松本の居酒屋

松本で最近気に入りの割烹居酒屋「よしかわ」に入った。松本はおいらの故郷だがよい居酒屋が少なく、ここを見つけてすっかり楽しみになった。一昨年九月に開店して今回で三度目。若い主人は隣の岡谷市出身で、彼が東京で修業した店を知っていて親しみがわいた。

七人ほどのカウンターと小上がり卓一つ。白衣白帽の料理人正装で、客前に据えた大俎板に向かい、刺身、盛りつけなど料理仕事をこなす。品書きは七月×日と日付入り。東京や京都では普通の割烹居酒屋だが松本にはなく、そういう店を待っていた地元の通人に喜ばれた。

玉子豆腐に梅貝の貝ベラをのせてとろ味の葛をかけたお通しは繊細。添えた青ものは客が持ってきたという珍しい山菜「雪菜」で、行者ニンニクに似た軽い精と品がある。早鮎は塩焼き・一夜干しとあるが一番面倒そうな〈稚鮎《ちあゆ》新挽《しんびき》揚《あ》げ〉を注文。新挽とは細かい粒状の米の粉で揚物の化粧に使う。それだけでおいしい稚鮎の煮浸しに新

挽をまぶして揚げた白雪をかぶったような数尾は、外はカリッ、中はソフトでこれぞ割烹料理だ。牛蒡《ごぼう》の煮つけに添えた〈鮎みそ〉は鮎の煮浸しをプロセッサにかけ甘味噌と山椒を合わせたもので、鮎ワタ塩辛のうるかに似るが、えぐみがなく爽やか。これに白唐津風片口の塩尻地酒「美寿々」純米吟醸がぴったり合う。こういうことを松本でしたかったのだ。

故郷だから悪口を言えるが、松本によい居酒屋がないのは世間を知らないからだ。冷凍刺身に冷凍枝豆、焼鳥にせいぜい馬刺。「こんなもんでよかんべえ」品書きに安い酒。山の中でうすらぼんやりして、都会の居酒屋が日々しのぎを削って競争していることを知らない。それが通用するのは、田舎者の信州人は味を知らないからだと思っていた。「良い素材はあるが、料理がない。信州人は食文化に関心がない」とは多くの料理評論家の指摘するところで全くその通りだ。よく悪口書くでしょう（信州人よ怒れ！）。

ところが違った。志のある店ができれば客は来る。それを思い知らされたのはここ五年ほどの松本のバーとイタリア料理の充実だ。

バーはNBA国際バーテンダー協会世界大会に日本代表で出場した林幸一さんが故郷松本に開いた蔵造りの「メインバー　コート」からすべてが始まった。それまで松本にバーの文化はなく、意地悪のおいらは「松本にカクテル飲む奴なんかいない」と思っていたが、どっこい違った。

最も立派なのはハイクラスのオーセンティックバーをめざしたことだ。酒はもちろんサービスも雰囲気も。またバーは客で決まる。マナーを持たなければ入りにくい姿勢を断固として守り、それが店の信用になって、本当に心ある大人や紳士が常連になっていった。やがて「サイトウ・キネン・フェスティバル松本」でやって来た音楽家や、松本歌舞伎・平成中村座の中村勘三郎丈など一流の客が来てますます格が高くなる。これが大切だ。それはまた素地のない町でもこういう業態が成立する実証になり、多くの後輩が続いた。つまり志を持って一流の仕事を続ければ、必ず見ている人がいるという安心感だ。

そういうわけでおいらは、故郷松本の最近の充実を喜びたい。演劇（芸術監督・串田和美さん、ありがとうございます）、音楽（サイトウキネンに触発されて市民音楽も盛んに）、バー（今や松本を知らずして日本のバーは語れない）、そして成長株のイタリア料理店（魚介よりもイタリア内陸の田舎料理が盛んとか）。

松本の居酒屋よ、この流れに続け！

銀座の小酒場（一）

銀座はおいらの町。二十三歳の春から四十すぎまで毎日毎日、銀座にお勤めのサラリーマンだった。当然夜は居酒屋。とはいえ銀座に居酒屋はとても少ない。会社をやめて二十年、計四十年は通っているが、店はほとんど変わらず、新開店しても老舗の町に定着は難しいようだ。居酒屋ヒョーロン家のおいらは、銀座は「樽平《たるへい》」「三州屋《さんしゅうや》」「佃喜知《つくきち》」「こびき」、そば屋「泰明庵《たいめいあん》」をよく紹介しているが、もう少し細見してみよう。

銀座の夜の中心はなんと言っても七、八丁目。資生堂、日航ホテルかいわいは、豪華なドレスに派手な化粧のホステス嬢や黒服の男が足早に行き交い、この不況に花輪をずらりと並べて高級クラブがオープンしている。そんなところにはとても入れないが、こういう華やかな通りに、男同士や男女二人で気軽に入れる小さな居酒屋を知っていればうれしい。

八丁目日航ホテルの裏通り。一階は寿司「京弥《きょうや》」、二階は「小料理きく」。三階の

「庄屋嘉助《しょうやかすけ》」はおいらが資生堂時代によく来た店だ。先日も久しぶりに来た。

「こんちは」

「いらっしゃい」

錆色《さびいろ》着物に白割烹着のおかみさんが替わったような気がする。カウンターには板前さんも入った。以前はおかみ一人だったが。

「代が変わった？」

「ええ、四月から復帰」

「復帰？」

嘉助は今年で四十三年になる古い店で、おかみさんは二十五年続いた板前さんの引退を機に自分も退いた。店は別の人が同じ名前で続けたが二年で出て、ビルの大家さんから「また続けて」と頼まれて復帰したという。そうなると昔通っていた時の人だ。すぐ近くの資生堂に二十年勤め、当時何度も来たと言うと「あら、資生堂さん、森さんとか安原さん」。なーんだ、あいつらも来ていたか。すっかり相好をくずし「再会乾杯」とご機嫌になった。

おかみはお年のわりにたいへん若い。おいらに見覚えはないようだが、それでも銀座の仲だ。白割烹着を誉めると、今はなかなか売っていなく、銀座の高級呉服「くのや」製というから驚く。足袋は「めうがや」だったが、店がなくなり「くのや」で引き受けたのでそこで誂え。下駄は「ぜん屋」で音がしないよう裏を貼ってもらう。さすが銀座、老舗の名が次々に出てくる。

経木の品書きは〈おさしみ、焼魚、揚物、煮物〉など多くはないが、酒の肴にはこれでいい。ビールにアジフライ、冷酒「李白」に平目、アオリイカの刺身だ。

北海道産という葭簀《よしず》の天井や檜皮《ひわだ》の庇《ひさし》、煤竹《すすだけ》の壁など、今は「材料も職人も消防法も」妨げで作れないという古風な内装が貴重だ。おじやを売りにして、田舎風に〈嘉助〉と名付けたそうだ。

額入りの店内を描いたスケッチは昭和五十五年に、大学心臓外科の先生が「この席で」持参筆ペンでさっと描いたもので、素人離れしたみごとな作品だ。向かい側の大相撲番付表に挟んだ平成九年正月場所の大入袋十五枚は、高砂部屋の元・房錦関がここの三十周年に祝儀に贈ってくれたもの。横綱時代の輪島関も（タニマチ連れでなく個人でも）来たそうで、椅子は一人で三つ使ったという。三階に上がる階段は細く急で、よくここを力士が上り下りできたものだ。

小さな白木カウンター、せまい木の卓でさし向かいで飲めば理想の銀座の小さな居酒屋。ここを知っていれば銀座通ですぞ。

銀座の小酒場（二）

歌舞伎座がすっぽり囲まれて新築工事に入ったが、すぐ隣の居酒屋「中《なか》ぜん」は健在なのがありがたい。

地味な構えのガラス戸をあけると、古風な黒豆砂利洗い出し床に腰板貼り、網代天井、畳敷小上がりは塗り縁で、店全体に歌舞伎座隣らしい年期を経た粋な風格がただよう。おいらは六席ほどの小カウンターへ。

もの柔らかに腰の低い白衣白帽の主人は御年八十歳。白髪美しい奥様とその妹さんの二人が手伝い、水商売を感じさせない品のよい身支度がすてきだ。

注文は小板の品書きから選び、メモ用紙に書いて渡す。酒を頼むと「お燗してよろしゅうございますか」と丁寧な返事をいただいた。

今日のお通しはトビウオの赤い魚卵「とび子」をピリ辛にマヨネーズと少し和えたもので、カズノコのような歯応えがいい。カツオ刺身は焼き切り。ほわりと湯気を上げる卵焼は甘い東京風で、添えた大根おろしがおいしい。

おいらが必ず注文するのは〈揚げつけ焼〉だ。

「いつもおいしいですねえ」

「京都の油揚なんですよ」

油揚も良いのだろうが、酒と醬油を軽く塗ってゆっくり焼いた仕事がこの味。刺身、昆布〆、穴子照焼、ごま和え、煮物、焼茄子、くさや、冬のやりいか煮など、品書きは何を頼んでも誠実丁寧、真当な仕事につねに心打たれる。

箱マッチは〈名物　中ぜんの親玉〉として、鉢巻の蛸が八本足に徳利や盃、包丁やおろしがねを持って八面六臂の漫画で、漫画家の元祖と言われる北沢楽天が亡き先代主人を描いたものだ。

「中ぜん」の創業は明治二十六年の日本橋とたいへん古く、魚河岸の移転とともに築地に移り居酒屋を開いた。主人は小学生の時よく寿司屋に連れられ、子供なのにコハダや赤貝が好きで笑われたそうだ。隅に飾る招き猫は当家の家紋入り黒羽織で、「私より年上です」と主人が笑う。

戦前の客は軍人が多く、椅子に軍帽を置いた横柄な態度に反発する客と喧嘩沙汰もあった。新派名優の花柳章太郎や森赫子《かくこ》、洋画の大家・中村研一、NHKの有名アナウンサーなども来た。常連の間で「中ぜん会」という集まりが生まれ、座敷の二階に大きなマグロを一本持ち込んで氷に置き、貝殻で〈なかおち〉を掬って食べる魚河岸らしい遊びもした。

大戦空襲で焼け出されたが、ひいきにしてくれていた日本鋼管社長が、長野県諏訪の旧家を壊した家材で銀座のここに家を建てて社員寮とし、その賄いにしてくれた。重役会の弁当仕出しや社長車の運転手に食事を出した。いまの建物になり二階に住まわせてもらい、その後居酒屋を始め、鋼管とは一応縁が切れた。昔の実業家は情があったのだ。

この魅力は、往年のゆったりした居酒屋の風情と、練達の老人の味だ。よい材料を、小細工したり独創を加えたりせず、昔通りに料理する。食通で知られた映画監督・山本嘉次郎《かじろう》は何十年も前に、材料も誠実丁寧な職人仕事も皆消え失せ、昭和初期までの味は今や何も残っていないと悲憤慷慨したが、この「中ぜん」の味は、その昔を伝えているのではないかと想像すると心ゆたかな気持になる。「こんなのもやってみました」と言う〈かにクリームコロッケ〉はとても軽く上品で塩が合う。添えたポテトサラダもたいへんおいしい。山本嘉次郎はとりわけ明治の洋食の、くもりのない味を懐かしんだが、これがそうかもしれない。

ここはまさに銀座の珠玉、宝物。店の方はご高齢。皆様、敬老精神をもって、決してどやどや行かないでください。

※銀座「中ぜん」は閉店しました。

銀座の小酒場（三）

銀座の、ある面で銀座らしい店といえば、夜のお仕事の方が仕事前、あるいは仕事中に入る店ではないか。そういう時は、名の知れた、うっかりするとなじみ客に会うような所には入らず、目立たない店にする。

例えば一丁目の大衆居酒屋「三州屋《さんしゅうや》」は、夕方四時ころ、髪をきれいになでつけ上着だけ脱いだ白シャツ黒蝶ネクタイが、鯖味噌煮定食あたりで腹ごしらえ、ついでにビール一本という光景が見られる。七丁目のそば屋「泰明庵《たいめいあん》」も同じ時間帯に黒服や着物のお姐さんが、軽くそばで腹支度。出前の皿を返しに来る人もいる。

今はなくなったが、おいらが銀座の資生堂に勤めていたころ昼の定食によく入った七丁目のお茶漬屋「竹もと」はおにぎりが有名で、夜そこで飲んでいると、クラブやバーからしきりに客用のおにぎりの注文電話が入った。竹もとのおにぎりを出前にとると一流とか。しばらくすると黒服がとりに来て、急いで一個食べて腹をこしらえ、

お茶を飲んで行くのを見た。余談を書けば、婆さん三人でやっていて、資生堂宣伝部での通称店名は「三婆」。その三人がしょっちゅう口喧嘩していたのが懐かしい。あるいは「ご同伴」。ご同伴とはクラブの着物のママさんが店の外でなじみ客と一杯やること。ママさんはお酌しながらも軽く腹ごしらえを済ませ、それから客を自分の店に連れて行く。客はしばらくでもママさんを独占でき、個人的な雰囲気に浸れる(ついでに帯でもねだられるのかナ)。七丁目の居酒屋「佃喜知《つくきち》」、八丁目の「樽平《たるへい》」あたりで時々そういう光景を見るが、おいらは一回もしたことがない(グヤジー)。

今から入る八丁目の「瓢箪《ひょうたん》」は、白布を髪に巻き、胸当て前掛けの女性ばかり五人の家庭料理の店だ。カウンターと机、ちょっと人目を避けた四人席。カウンターに置いた大皿は、蛸ときゅうりの酢のもの、かぼちゃ煮、小松菜さつまあげ煮浸し、鶏肉筑前煮などお総菜ばかり。ガラスケースには新さんまなど。銀ダラ味噌漬や三種ある味噌汁は人気で、もちろんビールも酒もある。昔は日航ホテルの裏にあり、うまい家庭料理で人気があった。二十一年前にここに移転。今日は久しぶりだ。

「瓶ビールね」

「はい、サッポロ、キリン、アサヒ」

「んーと、サッポロ」

ガラス瓶から出したお通しのイカ塩辛がとてもおいしい。

「大皿の人気は何？」

「そうねえ、かぼちゃ煮かな、春雨サラダも」

春雨サラダはタラコがまぶされ、季節の〈冬瓜煮〉はトロ味がおいしく、〈白滝ピリ辛煮〉は青唐辛子の辛味が爽やかだ。

通りからはちょっと見逃す目立たない半地下の店に、銀座慣れした客が座る。同伴も多く今日も超美人が紳士とご一緒でうらやましい。奥の仕切られた四人席ではドレスのホステスさん二人と男が、こちらは何やら業務打ち合わせらしく、これも銀座らしい光景だ。ある男客は座るなり店から「お味噌汁、何にする？」と聞かれ、きっといつもここで食べてから仕事なのだろう。納豆とご飯、煮浸しとあさり汁で、酒を口にせずさっと帰る。七時を過ぎると忙しくなり、注文が飛ぶ最盛期だ。ちんたら飲んでは店の迷惑。そろそろ御輿を上げよう。

銀座の夜のお仕事の方と客同士で並ぶのも、銀座の居酒屋の楽しみかもしれない。

銀座の小酒場（四）

世に揚げ物好きは多い。友人に、スーパーの揚げ物コーナーでいい匂いをさせる揚げ立てフライの山を見ると逆上し、ウスターソースをドバドバとぶちまけ、端から手づかみで食らいつきたくなるという人がいる。おいらも好きだが、医者から食事の油分を減らすように言われ、泣く泣く揚げ物禁止。しかし淋しく、年一回の大晦日だけは揚げ物祭と決め、鯵《あじ》フライ・牡蠣《かき》フライ大会だ。今年も待ち遠しい。

銀座八丁目の小さなビル二階の「小料理きく」は鯵フライが評判だ（三階は「庄屋嘉助《かすけ》」）。白木カウンター、窓際に四人席、奥に大机二つ。働くのは主人と若いの二人に女性二人の計五人はこの狭い店にしては多く、それだけ繁盛しているのだろう。白衣白帽正装の調理人が立ち、着物に白割烹着の女性がサービスするのは京都あたりでは最も普通の店だが、東京には案外少ない。

さて、鰺フライ。

「ビール生、鰺フライ二つ」

「はい、二つ」

ここはキャベツも添えた鰺フライ定食スタイルではなく、数で注文する。大皿にはパン粉を振った鰺が重なりスタンバイだ。

ジャー……

油のはぜる音も味のうち。いい匂いがして、すぐに竹ざるで届いた。三口くらいで食べきる小鰺。これが洋食屋やお総菜とは違う居酒屋の酒の肴のフライだ。中村勘三郎がカウンターで鰺フライを手づかみでつまむテレビCMがあったが、この店のイメージかも知れない。衣はパリッと、鰺はやや生身を残し、油くさくない清潔上品なフライだ。軽く塩味がつきこのままでいける。尻尾まで食べ、パンパンと手をはたいた。

調理場に金串で丸干しした、頭を取った鰺があり、うまそうだ。

「あれ、焼いてくれる？」

「あれは規格外の賄いで……」

鰺は箱で仕入れ、大きすぎるのはこうする。つまり小さいサイズにこだわり、若い鰺ゆえに脂がのりすぎずさくっと食べられるのだろう。でも、あれうまそうだなー。

人気の〈いもサラダ〉は上品でおいしい。次は〈牡蠣フライ〉。ほどなく揚がった今年最初の牡蠣フライは、衣はパリッ、中はジューシー、この味この味と思い出す。

さてアゲイン。

「鯵フライ、もう二つ」

今度はウスターソースでいこう。おいらは熱狂的なウスターファン。ある年の大晦日の午後八時。さあ、揚げもの祭という時、切れていることに気づきスーパーに走ったことがある。開いててヨカッタ。

ブルドックのウスターをドバドバかけてがぶり。うー、たまらん。

銀座のサラリーマン時代にここは一番近い居酒屋で、仕事を終えてよく来た。窓際の狭い四人席が定席。鯵フライはよく食べ、ある先輩は「オレは醬油がいいんだ」と醬油派だった。

俳優・菅原謙次に似たいい男の主人は、眼鏡をかけるようになったが風貌は変わらない。丸顔の若い美人ママさんがういういしく、つい何か声をかけたくなる。

この店の魅力はもう一つ。この席の、開け放った窓から見下ろす銀座裏通りの眺めだ。派手なドレスのホステスや着物のマダムが足早に、あるいはお客さんと嬌声をあげて歩いてゆく。花売りのおばさんも健在で、やっぱり銀座はいいなあ。

開店して三十年。ながく変わらない銀座小酒場の一軒。

大阪「明治屋」

大阪阿倍野の名居酒屋「明治屋」が、いよいよ店を閉めそうだというメールを何人もの方からいただいた。

明治屋は明治末期に酒屋を始め、昭和十三年から居酒屋になった。重厚な木造二階家の瓦屋根に乗る雄大な右書き扁額《へんがく》「酒屋　明治屋」、瓦の魔除け鍾馗《しょうき》、丸い門灯、長い吊り看板などは戦前の商都大阪の雰囲気を今に伝えるが、安倍野再開発が決まってすでに三十年。サッカー場が二つくらい入りそうな広大な更地を背に孤塁を守る姿は、全国の明治屋ファンを心配させていた。

関西出張の帰りの十月一日昼に寄り、判った今の状態はこうだ。

明治屋は更地に新しく建つビルに入る。今の場所は道路拡張になり明治屋の建物はなくなる。ビル建築は来春完成、二月から各店の内装工事に入り、予定通りゆけば四月頃には新・明治屋が開業すると思われる。現店舗は十月下旬ころに営業を停止することになるだろう。

私は移転先の現場に行ってみた。明治屋を出て左、JR天王寺駅の方へおよそ二百メートル。天王寺の大交差点の手前左一帯は横に長い大きなビルが新築中で、向かいの近鉄百貨店も更地から新築中。はす向かいのJR天王寺駅からの地下道工事も含め、あたりは仮塀で囲まれ騒然たる様子だ。交差点に面した角は円形の小広場になり、そこから左に延びるモールに明治屋は入る。見せていただいた図面によると二階吹き抜けモールの一階路面店の中ほどで、立地は良さそうだ。今は「安倍野再開発事業A1地区A2棟」と表示されているが、いずれ愛称がつくのだろう。

私が期待していた、今の木造二階家を曳き家や解体再建築で残す案はなくなった。ビルに入るが、二階三階ではない一階路面店でひと安心。路面電車の天王寺終点すぐ前でJR駅も近くなる。

店にもどりカウンターに座った。店内は外の大工事をよそに何ごともおきていないように静かだ。午後一時の客もまた平静だが、間もなくこの場所で飲めなくなるのはおそらく知っているのだろう。じっと黙り、時折聞こえてくるおなじみの、ごとんごとんという電車音をしっかり耳に残そうとしているようだ。

湯豆腐、きずし。いつもの二品を肴にガラス徳利を傾け、あらためて店内を見回した。そして亡き父を継いでいる栄子さんに、これだけは直接言わなければと決めてきたことを話した。

新しいビルに、今のこの店を何も変えずに再現してもらいたい。このカウンターも椅子も、後ろの机も、四斗樽を置く頑丈な台も、小さな棚板も、それを支える袖金具も、一切残してそのまま使う。もちろん神棚も燗つけ器も桜正宗の大鏡も。

黙って聞いていた栄子さんはゆっくりうなずき「皆さん、そう言やはります、そうせないかんと思ってます」と力強く答えた。そしてつけ加えた。「父の残さはったものやし」。

店の守り神は〈商売は牛のよだれのように細く長く〉と紅白の座布団に寝そべるブロンズの牛。平成二十年、創業七十年の祝いの直後に亡くなられた三代目主人・松本光司さんは、周りの慌ただしさをよそにこの牛のごとく泰然と構えていたが、ついに動くときが来た。きっとこれでよいと思っていることだろう。

来春の新開店には何をおいても駆けつけるつもりだ。全国の明治屋ファンの皆さん、新・明治屋も、何とぞよろしくお願い致します。

盛岡「櫻山横丁」(一)

仙台の東一連鎖街《とういちれんさがい》なき後、おいらが日本一の飲み屋横丁と断じるのが盛岡・櫻山《さくらやま》神社参道の飲食店横丁だ。正式名称はないようで、便宜的に櫻山横丁としよう。

盛岡市の中心・県庁前から一の鳥居をくぐった、亀ヶ池・鶴ヶ池の囲む内丸という場所がすばらしい。二の鳥居を抜けると櫻山神社の正面拝殿、その奥は盛岡城趾だ。

ここは戦後引揚者らに提供されたのが始まりで、今は三筋の横丁におよそ九十軒が木造二階で連なる。有名な盛岡じゃじゃ麺の元祖「白龍(パイロン)」もここだ。

戦後の雰囲気を残す車の通らない横丁は、飲食店だけではなく薬局、花屋、商店などもある健全な地域だ。居酒屋老舗「中津川」「茶の間」などに加え、最近若い人の店が増え、郷愁にとどまらない活気が生まれて楽しい。

鶴ヶ池側の筋の「陽-SUN-」はまだ開店一年くらいだが、宮古直送魚貝に日本酒の揃えがみごとだ。南部杜氏の故郷・紫波町の「堀米・純米酒」のお燗に超新鮮ホヤ、牡蠣酢がよく合う。切れ目の清々しい若いマスター小林君に、丸顔が優しいお姉さん、ツッパリ髪の若者の三人は息がぴったりだ。
真ん中の筋の「ハタゴ家」は、おでんに旬の魚・山菜の典型的な居酒屋。一品ごとに小皿で出すおでんはすべて一皿百円。二階座敷もまことに居心地良く、上から「オーイ、酒追加！」と大声を出すと、すかさず「ただいま！」と即答して階段を駆け上がってくるのが、常に頭タオルの威勢のよいマスター工藤君だ。

亀ヶ池側筋の「MASS」は、古い二階家を吹き抜けホールにした解放感がいい。南欧風の明るいベージュ土壁に日本の古家具や古道具を置いたセンスは巧み。昼はかまどで炊くご飯の定食が人気で、夜は階段上の座り座敷で宴会もできる。

カウンターにはめ込んだガラス蓋のネタ箱には旨そうな刺身が。

「シラウオとカレイ」

「はい」

素直な返事はどこか童顔のイケメン阿部君。モテそうだな。

「ぜーんぜん！」

隣の同僚がまぜっ返す。古い銅の循環式燗つけ器は清酒「岩手川」の蔵にあったものだそうで、下に炭火を入れて蛇管を温め、コックをひねると熱燗が出てくる。

「こりゃいい。花見の時これで、酒はいらんかね〜と、行商だ」

「いいですねー」

もう一つ、真ん中筋の「櫻山ブドウ園」は木造りの落ちつくワインバー。「赤、ジューシーなのを」と頼んだ一杯は注文通りでたいへんおいしい。シブイ兄貴分のようなマスター・チミさんは自分の家庭菜園の野菜を店で使う。

この楽しい櫻山横丁が今、存続の危機にさらされている。盛岡市はここをすべて撤去して更地にし、土塁を築く計画を発表した。市民が、観光客が毎日の楽しみにやってくる場所を壊して、人を寄せつけない土塁で囲むのに何の意味があるのだろうか。土地の生産性はゼロだ。

外国に行くと名所や観光レストランよりも、こわごわ案内された地元の酒場での一杯が、一番の旅の思い出になることがよくある。この横丁がそれだ。宿泊客が安心して「地元の居酒屋で一杯」ができる横丁は大きな観光経済資源で、むしろ積極的に盛岡名物として、このまま充実維持するべきだ。

盛岡の誇るべき歴史遺産、日本最後の昭和横丁を、人の来れない淋しい場所にするのは財産の損失だ。絶対反対だ。

盛岡「櫻山横丁」(二)

二〇〇八年に盛岡で作られたパンフレット『櫻山参道人情商店街』(発行人・高橋司)はまことに充実している。襟を正し「櫻山神社由緒」から始まる全四十ページは、隣接する東大通も含めた詳細な全俯瞰図に、全店紹介は一軒ごとに店内と主人の顔写真・コメントつき。

必ず入る「趣味」は、マラソン、サッカー、三角ベース野球、花の絵、客とのキャンプ、太宰治、ギター、カラオケ、家庭菜園、沖縄の海、飲み歩き、と多彩に人柄をしのばせて楽しい。さらに男女某君の写真入り「櫻山界隈私のおすすめコース」「私が櫻山を好きな理由」もいくつか載る。その一つ、女性の方の意見を引用させていただく。

〈櫻山には、よその地域にないような、強い「連帯感」があります。この「連帯感」は、境内の中に商店街があることに対する神社への感謝の気持ちと、密集した空間で長年苦楽を共にしてきた歴史によって培われたきたのだと思います。最近では、そこ

に若者たちもどんどん仲間入りするようになりました。今、櫻山は、新しいパワーと、古くからのこの土地に対する思いとが融合し、これまでにないエネルギーが生まれています。〉

まことにその通りだ。この名パンフレットの復刻と、町のオアシスをなくす市の暴挙たる櫻山横丁総撤去計画の中止を切に願う。

さて今日は初めてのところに入ってみよう。階段を上がった二階の「なにわ櫻山店」は開店昭和四十二年。市内にあった別店はなくなり、ここだけになった。先代も二代目主人も大阪生まれ。「私は盛岡よ」と言う奥さんはとても愛想がよく気持ちをやわらげる。

カウンターの〈東北新幹線　東京—青森間全線開通記念　サッポロ・東北ホップ100%生〉の缶ビール写真は、黒地に緑のホップと金の星がきれいだ。〈キリン一番搾り・とれたてホップ／岩手県遠野産ホップ使用〉もある。どちらも若い苦味がよくきき、甘い香りが残ってたいへんおいしい。

黒板の本日のおすすめは、鴨つくね焼、いか一夜干し、生ラム塩焼、ねば豆腐、〈津志田芋《つしだいも》のネギおかか和え〉、これにしよう。

盛岡の秋の味覚・芋の子（里芋）の二子芋、津志田芋は有名だ。皮のまま茹でて、皮から絞り出したのにネギとオカカが素朴によく合う。

当店オリジナル、ホヤ・ウニ・コノワタの〈三宝漬《さんぼうづけ》〉はガラスの盃にオレンジ色が濡れてきれいに光る。かねがねホヤとコノワタの塩辛〈莫久来《ばくらい》〉こそ日本酒珍味の最高峰と断じているが、このウニ入りはスーパー莫久来と言えよう。

「似た名前のがあったよね」

「釜石の海宝漬、あれはアワビ・イクラ・メカブ」

台所から主人が答える。三陸のアワビとウニのお澄まし〈いちご煮〉など、東北は豊かな海産珍味の宝庫だ。地酒「鷲の尾」がうまい。

二階の店は広々として、長いL字カウンターに囲まれた畳の小上がり間はまことに魅力的だ。

「いつも、あそこに布団ひいて寝たいって思ってんだ」と言う常連三人組に奥さんが「座布団ならお貸しします」と笑う。おいらも寝てみたい。いいなあ、このくつろげる雰囲気。さて勘定と御輿を上げると主人の声が聞こえた。

「あっ、蒸しアワビ忘れてた!」

仕込んだのを忘れていたらしい。「食べたかったなー」と一人言をもらすと、黙って切れ端を一つ渡してくれた。ごちそうさまでした。

盛岡「惣門」

盛岡は北上川と中津川にはさまれた市中心部の大通周辺が今風の繁華街。中津川を渡った盛岡八幡宮門前の八幡町は、あまり明るくない通りにぽつりぽつりと店の続く古い風情。さらに東は灯も少なくなる。十数年前、古い構えに心ひかれて入った割烹「惣門《そうもん》」を再び訪ねた。このあたりはかつて「幡街《ばんがい》」と言われた八幡芸者の置屋町で、店には艶っぽい空気が残り、奥の小さなカウンターは一人で飲める。

長角皿のお通し六点盛〈つぶ貝・茹で海老・ウニと青海苔の玉子焼・鮪《まぐろ》と山芋と菊花の海苔巻寿司・茹でた若い里芋をつぶした芋の子・イカの黄金焼〉に目を見張った。盛岡の味は、おおむね三陸の魚貝と山の幸を素朴に味わうものが多く、ここの手の込んだ料理は珍しい。

手をかけるよりも素朴がいいと言うなかれ、食べればわかる。イカは蒸しアワビかと思ったほどの味。秋の盛岡に欠かせない芋の子は、散らした菊花の香りで、素朴な

女の子だったのが年ごろの色気をたたえたようだ。

「惣門」は川の関所のことで、雫石川・北上川・中津川が合流して北上川となるこの場所にあった。船運の賑わいと八幡芸者の色気がこういう華のある料理を生んだのだろう。

店内には陣笠や黒地に赤い日の丸の合戦扇、火縄銃などが飾られ、十手のいろいろが面白い。六十センチもある細長の乗馬十手、大房つきの与力同心十手、小房の代官十手、裸の目明し十手はぐっと小さく、それぞれ手元の鉤《かぎ》の手の形が異なる。床に置いた「荻野流百目玉大砲」は総長寸三尺四分の大物。十手もふくめ南部藩鉄器の肌触りがいい。正面長押の長大な槍は総螺鈿《そうらでん》の細工が立派だ。

カウンター上の菱形白木板は、秋の盛岡八幡宮神事流鏑馬《やぶさめ》の当たり矢だ。的中した的は縁起物に飾られ、「平成十一年九月十六日　心願成就」の「就」の字を射抜いている。

前に来たときは着物に白割烹着の女将さん相手に飲んだ。今日は娘さん。頭に布を巻いた前掛け姿で一人客に気さくに話してくれるのがうれしい。十年ほど前に時代に合わせて割烹を小さくし、板場のご主人と息子さんの三人できりまわす。今日は一階二階の座敷に大勢の客がいて忙しそうだ。

品書きの〈たまござけ二合八百四十円〉がいい。魚は戻りカツオやカワハギ刺身、冬のたらきく(たら白子)、ナマコ酢に、青南蛮天、キノコなど郷土料理も並ぶ。

何気なく頼んだ〈牡蠣《かき》の酒蒸し〉は牡蠣を殻ごと酒蒸ししたものと予想したが大違い。大きな浅鉢の熱い汁に、牡蠣・椎茸・銀杏・新若布《しんわかめ》・葱・三つ葉の立派な秋の吹き寄せで、それぞれの具の味は冴え、出汁《だし》のきいたおつゆは一滴残らず飲み干した。そして(力説)これがなんと七百五十円! 品書きの値段はヘタに気取った居酒屋より安いと感じていたが、これだけの品を出すのは主人の料理人魂の意地に違いない。

盛岡は日本一豆腐消費量が多い町ということを念頭に頼んだ〈豆腐田楽〉の黒漆塗箱の蓋を取ると、二股竹串に差した田楽が行儀良く四本並び、ほわりと湯気を上げる。熱々の味噌たれをふうふう吹いて食べる野趣と粋の入り交じったしつらえは、旦那が芸者衆相手に食べさせるのにぴったりだ。秋の逸品、赤い鮭の切り込みに赤いイクラの自家製〈紅葉漬〉は、どっしりと力強い地酒「鷲《わし》の尾」のお燗に最高だ。

昔訪ねた居酒屋にまた入り、その良さをさらに知る。おいらの人生後半はこれでいこう。そんなことを思った夜だった。この店はすばらしいです。

銀座おでん（一）

ひゅー、寒い。こんな冬の一杯は熱燗とおでんに限るのう。高級店の並ぶ銀座に、気軽なおでん屋は庶民の冬の楽しみだ。おいらのなじみは「お多幸銀座八丁目店」だ。お多幸の創業は大正十三年。個性派俳優だった殿山泰司の実家だ。本店は十年ほど前日本橋に移り、その後が八丁目店、銀座には五丁目店もあったが今はなくなった。新橋店は古い木造一軒家の広い座敷に風情があったが、移転新築となり残念だ。

お多幸おでんの特徴は、ずばり関東風の醤油本位、真っ黒のおつゆで煮た濃い味だ。おでん研究家・新井由己氏によると、おでんのルーツは豆腐やコンニャクを串刺し味噌たれで焼いた〈田楽《でんがく》〉で、それが汁気のある煮物になり、明治期に鰹・昆布出汁に醤油で味付けした汁に浮かす〈関東煮〉が完成した。

その汁を飲めるように薄味にしたのが〈関西風おでん〉。関西のうどん・そばのおつゆは透明で、そのイメージだ。大阪ではおでんのことを〈関東煮〉と言うがこれは

関西風で、つまり〈関西風おでん〉を〈関東煮〉と言い、東京では〈関東煮〉という言葉は使わないのがややこしいところだ。

さておお多幸おでん。銀座並木通り八丁目という銀座でもベストの場所に気軽なおでん老舗があるのがうれしい。おなじみ真っ赤な大提灯の戸を開けた一階は二十席の長い白木カウンター。L字角のおでん鍋の前、通称「鍋前」が最上席でおいらの指定席でもある（おほん）。大きな四角の鍋は左右二つに分かれいろんな種がぎっしり詰まる。では注文。

「豆腐、大根、スジ」

「トウダイスジ一丁！」

連れた相棒は

「コンチクガン一丁！」

何を頼んだかわかりますね。

ふうふう吹いて食べる、よく味の染みた茶色の豆腐の味よ。各地でいろんなおでんを食べたが、おいらのおでんはここだ。すぐ近い七丁目の資生堂社員だった時の残業めしはいつもこの席で〈おでん数品・イカ塩辛（最高）・しじみ汁・茶飯〉が定番だった。ここは夜も刺身・フライ・焼魚・トンカツなどの定食があり、おでんが二品つく。今日も白ワイシャツ姿の会社員が、机席で酒も飲まずにもりもり食べて、かつての「ご同輩」の気分だ。刺身、〆鯖《しめさば》、白子ぽん酢、牡蠣《かき》フライ、生ハム、野菜など肴も充実し、居酒屋としてこんないい場所はない。

「お待ち」菊正宗熱燗が使い込んだぶ厚い錫《すず》ちろりでぽんと置かれ、コップに手酌。

ツイー……

うまい。おでんの酒は「絶対に」この厚手のコップ酒に限る。おでんに盃は似合わない。おでんは、二百円(豆腐、ガンモ、コンニャク、玉子など)、二百五十円(大根、白滝など)、三百円(つぶ貝、さつまあげなど)、四百五十円(鯵《あじ》つみれ、ふくろなど)。五百円(はんぺん、葱鮪《ねぎま》、イイダコなど)と明快に値付けされて楽だ。若布《わかめ》やはんぺん、イイダコなどは注文されてその都度煮る。

無駄口たたかず余計な愛想なしの江戸前サービスで黙々と働く白衣の従業員がいい。花形のおでん鍋前はベテランと若手が交互に立つ。長い菜箸をわしづかみにしておでんを押さえ、その間から包丁を入れて切るのもおなじみの光景。二階団体席に大皿みつくろいを湯気を上げて運ぶ活気もいい。やっぱり銀座はいい所だ。

さて最後は茶飯に豆腐一丁をずどんとのせた本店直伝の〈とうめし〉だ。ちょろりと汁もかけてくれ、豆腐を崩しながらちゃちゃっとかっこむ。

はい、御馳走さん。

銀座おでん（二）

庶民のおでんといえども、そこは銀座、高級店もある。「やす幸」は昭和八年の創業。銀座の会社員時代、やす幸の値段は「お高う」、お多幸は「安こう」と言っていた。今日は「やす幸」へ。中央通りに並行した金春通りの七丁目は銀座最高の場所。高級割烹にもひけをとらない玄関を開けると長い白木カウンターが伸びる。その最上席「鍋前」に座った。

「豆腐と大根、燗酒」

「はい、トウダイ」

ここも種は符丁で言う。盛る皿は、お多幸は赤いプラスチック。こちらは縁に藍色線を一本回した、やす幸名入りの白磁皿。白皿に白い豆腐と大根が上品で美しく、汁は透明。豆腐には刻み葱をのせ醤油をひとまわししてある。まずおつゆをひとくち。

ツー……

昆布出汁のきいた薄味。お多幸の関東風の濃いおつゆは、飲むのではなく種に味を

しみ込ますため。やす幸の「関西風」は、あまり種に味をしみ込まさずに素材の味を保ち、おつゆはたっぷり飲む関東煮。私は慣れたお多幸派だが、女性をお連れするにはこちらがいいかもしれない。銀座でお買い物をすませたご婦人や、身なりよい年配夫婦、落ちついたお勤め女性らしきを連れた紳士など皆さん品がよく、おでん屋といえども政治家や俳優が来てもおかしくない店だ。

燗酒は特注の錫《すず》ヤカンを常に回し、小さな盃で燗温度を確かめている。いくつかあって、錫で補修したものや、把手の巻糸が焦げているのもある。注ぐのはもちろん厚手コップ。ご婦人が手を添えて上品にコップ酒を口に運ぶ姿が堂に入っている。白衣白帽の男、着物の娘さんがきびきび働き、気楽さと上品さが同居した雰囲気がいい。

数寄屋通り地下の「おぐ羅《ら》」は新しいと思っていたがもう二十五年になるそうだ。

「開店記念日の十二月二十三日はちょっとしたサービスをしてたんですが、国民の休日になってしまって」

ご主人が苦笑する。そうか、その日は新しい天皇誕生日になったんだ。

「豆腐と蕗《ふき》、燗酒」

「はい、お燗」

ここも豆腐は刻み葱をのせ醤油をまわし、透明おつゆの関西おでんだ。

燗酒もヤカンで温め、やはり盃でしきりに温度をみている。おでん屋は「寒い寒い」と入ってきて「熱燗」と叫ぶとすぐに出ることが大切でこうして温めておくのだろう。ヤカンは内側が錫、外は洋銀でぴかぴかに光る。錫職人は東京、大阪、鹿児島にいたが今は鹿児島だけになった。注文生産で十個まとめるのを奨められたが、開店のとき予算がなく二個しか作れなかった。今は八個を使い回すそうだ。

地下の小さな店に男六人女性二人が働き、空き席を確かめる電話がしょっちゅう鳴る。カウンターを詰め合った私の隣の、りゅうとしたスーツの年配紳士二人組は常連らしく「酒は〇〇、ぼくは焼酎」と、もの慣れている。着物姿が妖艶なクラブのママさん(に違いない)と、着物に茶渋の羽織・白足袋のお茶の先生か歌舞伎地方《じかた》のような年配男性が座り、これは同伴だな。

銀座おでん屋の「お多幸」は関東の男っぽい実質派、関西おでんの「やす幸」は上品な夫婦や接待向け。「おぐ羅」はクラブのママさんや通人銀座紳士が地下の狭い店を好むようだ。さて仕上げ。

「茶飯とおしんこ」

おでん屋につきものの茶飯は昔はお茶で炊き、今はおでんのつゆで炊く。長崎のおでん屋「桃若」はおでんつゆで作る即席おじやが名物だ。

サラサラサラサラ。

ごちそうさまでした。

八戸の居酒屋（一）

東北新幹線が青森まで開通して八戸は通過駅にされた。いずれ北海道まで通じれば青森も通過駅になる、などと地元では弱気な声も聞こえてくる。

そんなことではイカン。八戸・青森に引きつけるパワーを発信するのじゃ。不肖おいらは下車させる魅力を持った地元居酒屋発掘のため新幹線に乗った。

八戸は横丁の町でその数八つ。だから八戸と言う（うそ）。古いのはたぬき小路／五番街／ロー丁れんさ街／長横町れんさ街／ハーモニカ横丁。新しいのはみろく横丁／花小路／八戸昭和通りで、さほど大きくない八戸の町の中心に集まっている。

一番古いたぬき小路ではJR東日本の八戸ポスターが撮影され、吉永小百合さんが「せっちゃん」「八戸太郎」などの看板下で赤提灯に照らされてにっこり笑う。この奥を折れた五番街はちょっとコワイ抜け道飲み屋街で、小百合様はお通りにならなかったただろうナ。

ロー丁れんさ街は、藩政時代の牢屋の場所に戦後、鎖のように店が連なった「牢丁連鎖街」のこと。横丁入口の案内解説板はすべての店の主人かママさんの顔写真つきだ。

おさな妻風白割烹着がかわいい小料理「美味」は〈実家が洋野町で漁師なので海の幸をメインに新鮮なホヤ、ナマコは絶品です〉

寿司を握るポーズが愛嬌たっぷりの主人の「光鮨」は〈鮨の旨さは心意気。八戸のおせっかい親父が握る心温まる人情寿司〉

ママさんがにっこり笑う洋風の「もっきり屋・ガンバレ父ちゃん」は〈いっぱい飲んで元気になろう。母さんの味で家庭的な雰囲気、心も体もあったまる〉

こんな調子で知らない店に入る不安感をやわらげる。

おいらの目当ては小路入口の〈れんさ街〉看板すぐ左下にある「山き」だ。二年ほど前なにげなく入り、すごい美人母娘だったのをしっかり憶えている。わくわく。

「ごめんください（丁寧デス）」

「いらっしゃいませ」

小さなカウンターは身なり良い会社員が多く、真ん中へんに座ると正面に、おお、色紙額が。

〈山き様　いつでも夢を　吉永小百合〉

居酒屋で小百合様の色紙を見るのは初めてだ。JR東日本のCMは当店で撮影され、そのお礼という。

「ど、どこに座られました？」

焦った質問に客が「その隣、人気席です」と笑う。「ここかあ」とそっと手でなぜたが、イケナイことをしたみたいであわてて引っ込めた。ママさんのお話では撮影協力依頼は早くからあったがタレント名は伏せられ、直前に「内密に」と教えられてどきどきしたそうだ。

「ママさんは出なかったの？」

まさかと笑うが、しかし！　そのママさんこそが小百合様にひけをとらない女優顔の超美人なのだ。

「ぼくが前来た時は、たしかお母さんも一緒でした」

「いえ、私が母です（笑）」

「えー⁉」

な、なんとお若いことか！「山き」は二十三年続いた寿司屋で、ご主人が早世されて母娘で居酒屋に変え、娘さんは先ごろ結婚されたそうだ。

もと寿司付け台に鯖《さば》味噌煮、コンニャク牛蒡《ごぼう》、小イカ煮などの大皿が並び、おでんが湯気を上げる。客たちは美人ママを意識してみな紳士的だ。

いろいろ話すうちにママさんは郷ひろみの大ファンとわかった。

「郷ひろみに色紙もらったら、小百合さんのと、取り替えますか?」

「いいえ、私の部屋に置きます」

あっはははは、客一同爆笑。おいらは郷ひろみではないが、ママさんの大ファンですよ。写真ください!

八戸の居酒屋（二）

横丁、八戸昭和通り入口の「八光《はっこう》」は白衣主人の料理が評判だ。まず目立つ八戸イカ料理の長大な品書きは、イカ刺から始まり〈ルイベ・ウニ和え・ステーキ・天ぷら・天玉とじ・チャンチャン焼〉などその数十八種。〈幻のイカめし鍋〉は鯛めしのようにイカをのせた土鍋炊きご飯で、炊きあげてほぐしたワタのしみた熱々ご飯とはうまそうだ。

麺つゆで食べる〈イカそうめん〉はつるり。〈イカ塩辛焼〉はイカ塩辛・豆腐・葱をホタテの貝殻で玉子とじにした貝焼。濃厚なイカワタの香りがむせるようで酒がすすむ。

八戸は全国イカ水揚げの四割を占める日本一のイカの町だ。イカ刺やイカそうめんを注文するのは間違いなく県外の人で、八戸は誰でも親戚知人にイカ漁関係者がいて、イカはもらうもの、朝から食卓にイカ刺が出て外で食べることはないそうだ。

「でもイカは、函館の方が有名なんですよ」

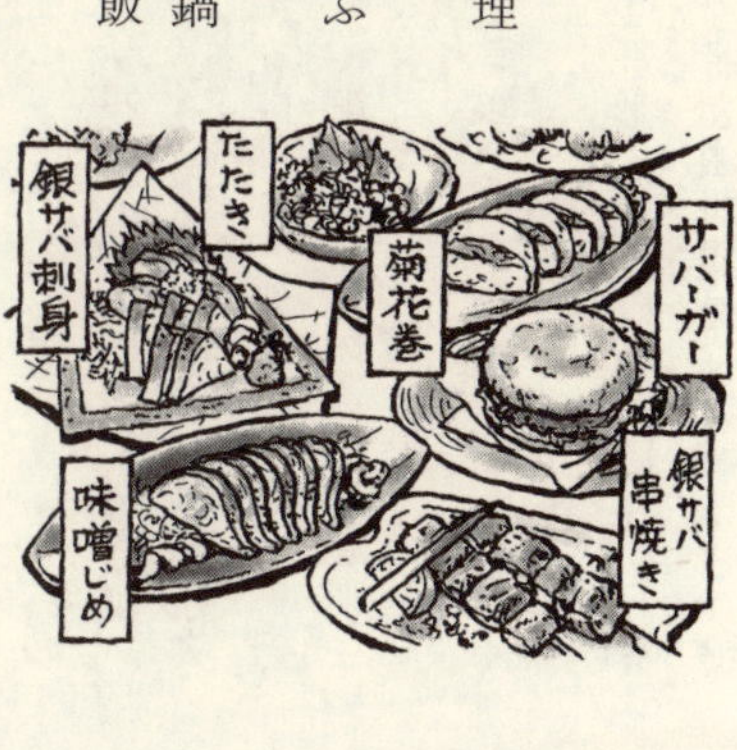

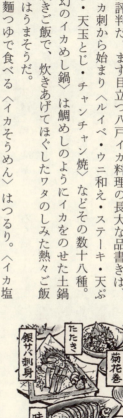

たしかに函館の朝イカは名物だが水揚げ量は八戸の半分もない。青森・小川原湖《おがわらこ》の天然鰻も漁獲量日本一。タラコも日本一だが、博多に運ばれて博多名物・辛子明太子になり青森産とは誰も知らない。宣伝下手なんですと口惜しそうだ。

青森県の食料自給率は百%で、各県平均数値三十%を大きく上回りこれも日本一。「食べることだけは絶対大丈夫です」これほど力強いことがあろうか。さんまビール揚げ、マンボウ唐揚げなど面白そうな品もあり、話し好きの主人は飽きさせない。一人でも大勢でもどうぞ。

もう一つの八戸名物は八戸沖鯖だ。みろく横丁入口横の、その名もずばり「サバの駅」へ「下車」。〈八戸前沖・北緯40度30分プレミアム銀サバ刺身〉とある品書きは、〈しめ鯖・たたき・づけ・味噌じめ・つくね・味噌煮・竜田揚げ・鯖ひっつみ・鯖大根・鯖出汁せんべい汁・季節限定しゃぶしゃぶ〉等々に、開発に四年かけたという鯖唐揚と鯖照焼を使ったハンバーガー〈サバーガー〉、しめ鯖とトマトのサンドイッチ〈サバンド〉もある。

「うーむ」鯖好きだがこう並ぶと迷う。「おすすめは?」「銀サバ串焼きです」素早く答えが返った。

一口に切った赤身や腹身各所の串刺しを炭火で焙った串焼きは、じゅうじゅうと脂を落としてかなりうまい。エッジがきいた刺身は青肌赤身と銀肌腹身。赤身はさっぱりした脂、腹身はこってりした脂がのる。

八戸は鯖の北限で、九〜十一月上旬に水温十八度以下になると脂がのる。腹身の脂は内臓を冷やさないためで、冷たい海の魚に脂ののる理由がわかる。〈鯖の味噌じめ〉は薄い味噌味が生ハムのようだ。

この店は普通の割烹料理だったが、隣のみろく横丁に鯖専門屋台を出した。それが好評で一年後ここに、大カウンター、個室、座敷もある大型店を開いた。まだ半年でピカピカに新しく、主人を含め白衣の調理人四人と大勢の娘が働く鯖御殿。

「サバの駅、名前がいいですね」

「いやどうも」

調理人さんの細身顎の顔が鯖のように見えてくる。もう一つすすめられた〈鯖棒寿司菊花巻〉は、大きな棒寿司の全身がしっとりした菊花の漬物で巻かれ、鯖の鉄火な勇み肌があでやかな黄色の衣をまとった菊人形のようだ。生臭みを残した鯖寿司を包む菊花の高貴な匂いは、海人と貴娘の出会いの如く陶然とさせる。漫画『美味しんぼ』の「日本全県味巡り・青森編」で海原雄山が紹介した〈菊巻き漬け〉、その鯖寿司版にここで会えるとは思わなかった。

皆様、青森八戸にはうまいものがありますぞ。

八戸の居酒屋（三）

冬の八戸はさすがに寒く、道行く人のほとんどは長靴で頭は帽子かネッカチーフ。それでも道には野菜や海産物、餅などの露店が並び、おばさんが膝に毛布で店番だ。冬は暗くなるのも早く、ながい夜を家ごもりではツマラン。横丁に繰り出して燗酒といこう。

てなわけで（かどうか知らないが）八戸は横丁の町。平成十四年の新幹線八戸駅開業で作られたみろく横丁は、三方をガラス戸で囲まれた中に定員八人ほどのコの字カウンターがコタツのようにおさまる建坪一坪の屋台一軒家街。特徴は（パンパカパーン）どこも若い美人娘ばかり！　二人ペア美人も、桃色長襦袢《ながじゆばん》風着物に白割烹着のオヤジ殺しスタイルもいて、一軒ずつのぞき「後で来てねー」「来るよー」と調子よく挨拶してまわる。中は丸見えで雰囲気は健全だ。

ここは後にして、まずはロー丁れんさ街の陽気な姉妹が人気の「おかげさん」に入ろう。お通しは牛蒡《ごぼう》を添えた小さなカレイ煮だ。

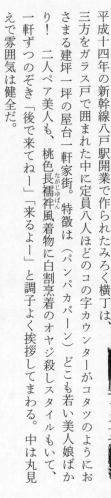

ツイー……

はらわたにしみわたる燗酒よ。

「おいしそうに飲むわねー」

「おいしいよ」

「ひげに似合う」

うまいこと言うじゃん。これはセクシーな姉。「おまたせいたしました〜ん」とわざと鼻声で徳利を渡すのはお茶目な妹。客から何かもらって踊り出し、開けると今年干支の兎で、ぴょんと両手で兎の耳をつくる。温かく小さなカウンターに陽気な姉妹、理想的な北国の横丁酒場だ。さらに魅惑は後ろ一畳小上がりに置いたコタツだ。詰めると四人が座れ、ちょっとあたらせてもらったが「もう出たくない」としがみつきたくなるコタツの魔力！　ここで飲んだら帰れないだろうなー。

品書きの〈ＰＭイカ〉は午後の漁のイカで刺身は透明だ。〈南部せんべいピザ〉は溶けたチーズにイカ塩辛がアンチョビのように合って、パリパリとかなりいける。〈商売繁盛　吉幾三〉の額に挟んだ写真は名古屋公演にかけつけた美人姉妹に目尻を下げる幾三兄ちゃだ。

ヒュー、入ってきた客の開けた戸の外は吹雪になっていた。一人が立ち上がり「んじゃ、つぶされねうち帰るべ」「また来てね」「積もった雪下ろしさ終わったら来る」

「待ってるわよ〜」。開店七年目、人気の理由がわかりました。

さて八戸ならば「ばんや」に顔を出さねば。町の真ん中、六日町交差点角の大正時代の料亭を改造した木造総二階は、二十年前おいらが東北で初めて入った居酒屋だ。

店内は太い柱、厚いカウンター、天井からガラス浮玉、干物魚、高野豆腐などがさがり、南部地方の重厚な居酒屋の雰囲気は昔と何も変わらない。貝殻詰め焼ウニで、地酒「駒泉」のお燗といこう。

「テレビCM見ましたよ」

「あ、ぼくは見てないんですよ」

主人の類家《るいけ》さんが手を振る。JR東日本の八戸CM・吉幾三編はここで撮影され、そのとき吉さんが手にした盃はおいらがテレビ番組で百個作った百名盃だった。幾三兄ちゃ、気に入ってくれたかな。

「今日は青森の三平汁があります」

北海道の鰊《にしん》場出稼ぎで覚えてきた〈ニシン・じゃが芋・葱〉の三平汁は、青森ではじゃが芋ではなく大根になった。古書『明治の食物誌』には〈イワシ・大根・葱〉の〈細羹汁《さいかんじる》〉というものがあるそうで、類家さんの話はいつも発見がある。

心温まる美人ぞろいの横丁、東北の奥深さを知る「ばんや」。八戸の夜はとても楽しい。さあ今から〝桃色着物白割烹着オヤジ殺し〟に行くぞ。

青森の居酒屋（一）

新幹線が八戸を過ぎると、左手に雪の八甲田山が雄大に見えた。標高一五四八メートルの独立峰は風雪を一身に受け、冬の厳しさで知られる。開通した新幹線に乗って青森の居酒屋へ飲みに来た。

青森市は青森駅前に古い飲み屋が残り、今は少し離れた本町が新しい夜の町になっている。本町の「篤《とく》」は、青函連絡船の乗り継ぎ時間に体が温まると食べられていた〈青森おでん〉を出す。串刺しのコンニャクと大角天（薄い揚げ練物）が二本ずつセットで四百円。生姜味噌のたれがミソ。あっさりしたおいしさは大人も子供も喜びそうだ。

「うまいね」

「うまいんですよ」

青森も夏は海水浴をするが、まず焚火をおこしてから海に入り、上がるとすぐ体を温め、そこにこのコンニャクおでんを一本五円で売りに来ていた。八年前店を始めるとき、これを名物にしようと出した。名物第二弾は「全国初」と銘打ったウニの醤油

漬とウニの佃煮の〈ウニセット〉だが、どちらも八戸で売っているものという。

「どうして全国初なの？」

「二つ並べたことです」

主人は強面のワリにとぼけた笑い顔がいい。銀行の脱サラだそうで、今の世の中、堅い銀行勤めを辞めるのは勿体ないんじゃと水を向けたが「やっぱ、一国一城の主でしょう」と意気軒高だ。

名物路線の〈あげたまとじ〉は油揚と葱の玉子とじ、トンカツにスープカレーをかけた〈とんかつカレーのせ〉は「病みつきになる」。最新〈カレー焼きそば〉も人気上昇中。名物のコツは「平凡な良材でシンプルにすること」だそうで青森おでんに学んだのかも知れない。それではと注文した〈玉ねぎカツ〉はウスターソースをまわしたガリガリの衣に、ジューシーに甘い玉ねぎがとてもうまい。

「これはいけるわ」

「うわはははは、……でしょう」

顔に作戦成功とありました。

新町には集中した飲み屋街はなく店は点在している。裏通りをうろうろして数軒並ぶ一角になり、いちばん目立たない「樽《たる》」に入った。

カウンターに座るなり〈わさび醤油で食べる津軽海峡の細モズク・タラとタラコの

とも和え・イカ醤油漬〉の小鉢お通し三つが、ぽんぽーんと出た。弘前の地酒「白《しら》神《がみ》」のお燗はすっきり甘口でうまい。白神山地の大自然は世界遺産だ。

「（津軽半島最北端の）三厩《みんまや》にマグロ釣りに行ったが餌のワラサが釣れねーんだよ。そのうちマグロを引き連れた船が帰ってきて、やっぱいるんだと思ったが、時すでに遅し」

主人と話す大柄の男は声も大きい。マグロ釣りとは豪快だ。

「この人は八甲田《はっこうだ》の浜部さんという有名な山ガイド」

紹介されて話に加わる。青森の自然は遊び尽くせないほど豊か、今は釣りに夢中という浜部さんは野人の息吹がぶんぷんする。「釣り帰りの客が鯛やヒラメは持ってくるけど、まだマグロはいない」と笑う主人は大はりきり、若いおかみさんは愛嬌のある美人、手伝いの娘も人気者と地元酒場の熱気がいい。

黒板から選んだ〈シャコ〉は、十五センチはあろうかという大きな剝き身三尾とシャコ爪が山のように盛られ、江戸前の小指のようなシャコとは大違いだ。手づかみでかぶりついた身から汁がしたたる濃厚なボリューム、甘味はすばらしい！

海にシャコは一年中いるが五月の子持ちの頃と今が味が良く、青森の四、五月の花見はシャコと、栗の形をしたトゲクリガニが欠かせないのだそうだ。本州最北端、青森のダイナミックな野性が店に満ちていた。

青森の居酒屋（二）

青森に名居酒屋あり。名は「ふく郎」。ホテルにあったイラストマップに「居酒屋紀行イチ押しの名店」とあるのはおいらの事でしょうナ、たぶん。

大通りからはずれた場所のぽつんとした構え。カウンターには早くも先客が多い。今日のお通し〈はたはた煮〉はブリ子でぱんぱんに膨らんだ身から、魚体のぬめりの糸が三十センチ引いても切れず、新鮮の証拠だ。酒も飲まずに無我夢中で平らげ、主人の顔を見た。

「すごいね、はたはた」

「おとといから青森産が出たんで」

すでに秋田産が出ていたが「口惜しいから」使わなかったそうだ。主人は日本海・津軽海峡・陸奥湾・太平洋と四つの海を持つ青森の魚、十三湖《じゅうさんこ》・小川原湖《おがわらこ》の淡水魚貝、さらに白神山地を水源とする野菜など、青森産に絶対的なこだわりを持つ。

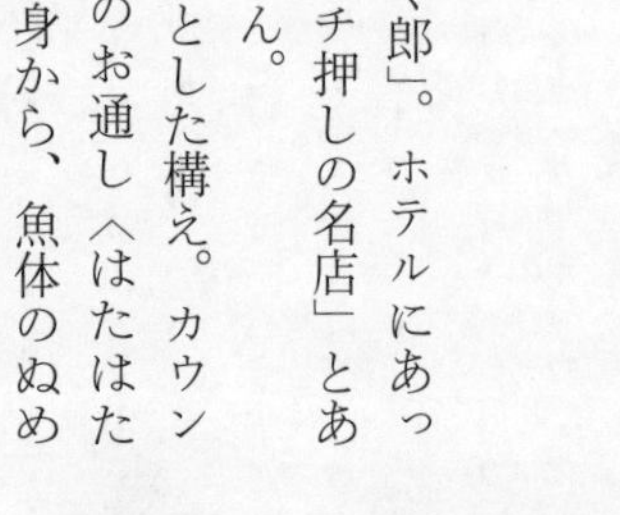

その表われがずらりと貼り出された突き板筆太の品書きだ。〈今別そい刺／小泊ス

ズキ刺／津軽海峡〆鯖／陸奥湾活ホタテ／深浦糸モズク〉等々。迷うが最後に書かれた〈刺身ちょっと盛り〉が役に立つ。

その本日は〈石鯛＝すっきりきれいな旨味／ソイ＝白身の厚切りは意味あり／ヤリイカ＝昼網でピンと堅く昆布の旨味がある／スズキ＝しだいに甘味が増す／活ホタテ＝透明な甘味と貝ベラのぬめりよし〉。ちょっと盛りではない〈どっさり盛り〉だ。全部青森の海です、と主人が胸を張る。さて次がおいらの狙い真打ちだ。

「ナマコ！」

「ほいきた」

ナマコフリークのおいらはここの清水川活ナマコで目から鱗がばらばらと落ちた。曜変天目《ようへんてんもく》のごとき青色が神秘的なナマコに、緑色のキュウリ、黄の菊花弁とレモン、茶色のコノワタの黒小鉢はさながら深海の小宇宙。高貴な香り、老獪なエグ味、妖艶なぬめり、硬い歯応え、実にこれこそ日本一のナマコ。燗酒がエグ味をさらりと消すとすぐまた箸が伸びる。そして翻然と気づいた。冬の青森の神髄は〝ぬめり〟にあり。

カウンターの端や座敷に置いたねぶたの頭《かしら》は、ねぶた絵師の第一人者・北村隆の作で、灯が入りカッと見開いた眼力が圧倒する。

昔は空地だったここに店を開いて十五、六年。「そういえば」と話すには、ＪＲ東日本から当店でＣＭ撮影したいと依頼が来て、断ると、市の観光課やテレビ局がチャンスを勿体ないと言ってきた。

「へー、それでどうした?」

「断りました」

「この、じょっぱり!」

客の皆がどっと笑った。青森で強情っぱりを「じょっぱり」と言う。主人も苦笑いで下を向く。しかし! このじょっぱりが青森のこれだけの美味を集めているのだ。

「じょっぱり大賛成!」

また一同が笑った。

さてもう一軒。市の真ん中、リッチモンドホテルの裏手は小粋な酒亭が並んで気をそそる。「緒方」はモダンなスタンド居酒屋で、銀髪主人は黒の立ち襟シャツが喫茶店マスターのようだ。お通しの〈小イカ煮〉がおいしく、料理のよい店かと食欲がわいた。しかし生魚の後は味を変えたい。洋風でいくか。

帆立とほうれん草を貝殻でオーブン焼きしてパセリ粉をふった〈帆立グラタン〉が大変おいしい。運んできた若い調理人はコックの白衣姿なので、洋食を学んだようだ。されぱと頼んだ〈ツブ貝香草焼〉はいい匂いが漂う壷焼きで、壷を心得た仕事に(シャレました)パンがほしくなる。青森の幸を洋風に。いい店を知った。

じょっぱりのふく郎に代わり不肖おいらがCM。皆さん、青森の居酒屋へいこう!

東京居酒屋再発見（一）

昔から居酒屋とパチンコは不況に強いと言われる。きびしい時代にどっこい腰を据える居酒屋を見つけに行こう。

去年十二月、花の銀座の二丁目に開店した「佳肴《かこう》みを木《ぎ》」は地下の一階。机席奥の一段高いフロアのカウンター席がいい雰囲気だ。

「この席いいね」

「ありがとうございます」

若女将・渡辺さんは神田の名居酒屋「新八《しんぱち》」で一年見習いの後、東京駅・新丸ビルオープン時に入った「新八・丸ビル店」の店長を四年つとめ、このほど独立した。

「白割烹着が似合うじゃない」

「太田さんの好みに合わせました」

口がうまいのう。もともときれいなえり足に着物が似合っていたが、白割烹着でさらに女将の色気が生まれ、桃色の髪結いが春らしい。

「銀座紳士にもてそうだね」

「そーんな」

クルム伊達公子に似た細面に口を当てた笑い顔がいつもの魅力だ。

初めての店は品書きが楽しみだ。新八で修業だから酒は心配ないとして、刺身、蕗《ふき》と筍《たけのこ》の炊き合わせ、蛤と里芋のやわらか煮、白バイ貝煮付け、みゆき豚の葱味噌焼き、干物いろいろ、自家製レバーペースト、すっぽん小鍋、クリームチーズ神亀《しんかめ》吟醸粕漬など珍味各種、さらに鉄火巻、太巻と万全の構えで、ほとんど千円以下のお値打ちだ。

〈イカと叩きわらび和え・八百円〉は、目の前で板前さんがワラビの茎を包丁で叩いて粘りを出す。とどいた皿は波打つように重ねたイカ刺身に緑のワラビと茶の削り節を添え、潮騒、新芽、大地を思わせる春の海山だ。

「これ、どうやって食べるの？」

「そのままでもいいですが、思い切って混ぜちゃうのがおすすめです」

それではとせっかくの景色だがエイヤとかきまぜ、醬油をちょいとつけると、叩いた粘りがワラビの香りをいや増してこれはうまし。燗酒おまかせで届いた東北宮城「萩の鶴」純米はやわらかな早春の気配がいい。

「合う、燗酒合格」

「おそれいります」

エラそうなおいらに、はいはい、わかりましたと言うように笑う。

新しい店は酒器も注目だ。燗酒にいちばん大切な盃は、新八で使用の窯元の白無地平盃でベストの形。

大きな花びらを重ねて首近くを紺地に残すほっそりと角張った徳利は、鶴が立つように粋だ。これはいい徳利だと目を細めるおいらに女将も目を細める。渡辺さんは東京芸大の油絵出身という居酒屋には異色の人材で、芸大に憧れた自分にはまぶしいが、

「でも今は居酒屋の女将です」とくったくない。

店名「みを木」は「澪木」。「澪」は海岸近くで舟が安全に通れる水路のことで、その幅を示すために立てる木を「澪木＝みおき、みおつくし」という。父は娘に「澪」と名付けたかったが、当時姓名漢字になくてあきらめたそうだ。

「お父さんがつけたかった名前を店の名にしたんだ」

「居酒屋のみおつくしになります」

「そう、その意気！」

話は東北のことになり、ここばかりは声をおとして、つきあいのある東北の蔵の消息を聞いた。日本酒は今仕込み完成の時期だが、倒れた何千本の瓶、タンク丸ごと捨てるはめになった原酒、建物そのものが難しいところもあると聞く。品書きには「東北のお酒を引き続き応援してゆきます！」「当店も売り上げの一部を義援金にしま

す」と書かれる。「東北の酒蔵の一番の応援は、そのお酒を飲んであげることと思うんです」という渡辺さんの意見に大賛成だ。この心意気に続け。

「東北酒、もう一本」

「はーい」

さっそく一瓶を取り上げた。

東京居酒屋再発見（二）

銀座一丁目の路地裏に、俳人の間では知らぬ者のない「卯波《うなみ》」という小さな居酒屋があった。主人は女流俳人の草分けにして大家の鈴木真砂女《まさじょ》。明治三十九年、千葉鴨川の名旅館に生まれた真砂女は波乱の人生をすすみ、戦後ここに、五十歳独身で居酒屋を開いた。久保田万太郎主宰、真砂女も参加した『春燈』の旗揚げはここで行われた。

あるときは舟より高き卯波かな

卯月（陰暦四月）のころ海に立つ波を卯波と言う。店名にひいたのは開店時五十歳までの人生を思ったのかもしれない。

私も何度か暖簾をくぐった。間口わずか一間、カウンター少しと小上がりの小さな店で、刺身は隣の魚屋から運ばれた。平成十五年、九十六歳で亡くなられた後も孫にあたる今田さんが続けていたが一昨年、一帯の再開発で閉店と決まり、おいらは俳句仲間と最終日の前日に来たのだった。

それが復活したと聞いた。場所は、もとあった路地脇のビルの地下だ。

「新開店はいつでしたか」

「去年の二月です、一年たちました」

今田さんも店の作りも昔と同じだ。燗酒にお通しは春の山菜〈うるい〉のお浸し。コースターに真砂女句が書かれる。

ゆく春や身に倖せの割烹着

品よく白割烹着を着た真砂女さんは、小上がり前の小椅子を定位置にして腰を置いていた。壁には客が書いてゆく俳句が、短冊や半紙でおよそ八十本ほどある。

しぐるるや歩道にぽつり卯波の灯

吾が恋は吹き流されしいわし雲

皆さんこの店で酒を酌むと一句詠みたくなるのだろう。

房総の卯波愛せし人のこと

この句は、お茶の水女子大生で最近女流俳人として注目される神野紗希《こうのさき》さんの名だ。神野さんは以前からここでアルバイトをしながらNHKの「俳句王国」で司会アシスタントもして、おいらは番組に二度よばれて顔見知りになった。

「今もバイトに来てますか?」

「ええ、週一度くらい」

奥の小座敷には品のよい背広紳士が六人。銀座のはずれの落ちついた居酒屋の居心地がよさそうだ。

〈しじみの醤油漬け〉と〈だし巻〉で飲む春の酒がいい。世界に酒場多しといえども、客が詩人になって作を残してゆく店はあるだろうか。それではおいらも。

　春寒く銀座の地下の卯波かな
　今田さんに渡して店を出た。

　神楽坂上の居酒屋「かも蔵《ぞう》」は、日本酒二百種もの銘柄を置くと聞いた。マニアの店と思ったら、細長いカウンターに続く奥もかなり広いが、超満員の盛況だ。それも圧倒的に若い人で女性軍も目立つ。ようやく合席にもぐりこんで「日本酒愛」と大書した分厚いメニューを詳細に見てゆくと、オオ、秋田の「美酒の設計」がある。うーむやるのう。

　張り渡した紐に洗濯ばさみで下げた品書きビラが気楽な雰囲気で、鶏レバ、鰺なめろう、ワカサギ天ぷらなどみな値段は安く〈生桜エビ七百八十円〉をとった。

　店の熱気を生んでいるのが、いろんな蔵元のハッピを来たピチピチのＡＫＢ48ならぬ、ＮＨＳ（日本酒デス）４の日本酒ガールズだ。金髪もいて元気に一升瓶を抱きかかえ「美酒の設計、通ですね」と口もうまく注いでまわる。若い人が日本酒をうまいおいしいとじゃんじゃん飲んでくれるのは大歓迎だ。

トイレに貼られた店主の蔵巡り写真の数は半端でなく、本気で日本酒に取り組んでいる姿勢が頼もしい。

「やっぱ、こっちだな」

若い男の四人組が飲み比べ。隣は髪の長い若い美人女性の四人組。

「ひと口どう?」

「いただきまーす」

おおいにのったおいらでした。

※銀座「卯波」は閉店しました。

東京居酒屋再発見（三）

築地卸売り市場は、今や外国人ツアーも来る東京最大の人気スポットで、雑誌などの特集もあとを断たない。しかし、通は市場も閉まった夕方にやってくる。行く先は築地本願寺裏から大川端に至るあたりだ。戦災を免れた緑青色の銅葺き建築があちこちに戦前の面影を残し、銀座の隣にあって昭和のエアポケットのような空気がただよう。二階木造長屋の居酒屋「はなふさ」は八人ほどのカウンターと奥に四畳一つのとても小さな店だ。棟続きの隣りは「寿司料理用玉子焼・おぼろ　渡辺商店」で築地らしい。

豊かな黒髪を七三に分けた歌舞伎役者風男前の板前と、一厘刈りに目がねが親しみやすい、ともに白調理着の男二人のさっぱりした店は、築地の店の「飾り不要、実力勝負」の簡潔さがある。下がるビラは、かつお、あいなめ、かわはぎ（肝つき）に、北海道真つぶ貝刺、赤ほや塩辛（北海道）、白海老唐揚（富山）、明石たこ、鳥羽生牡蠣、鯵フライ（佐賀）など。魚はすべてある築地で、あえて鯛やマグロの高級魚を置

かないところに、逆に魚を知る築地のプロを感じる。ウーンと悩んで〈江戸前鯵〉の刺身からいこう。お通しのホタルイカ芥子《からし》酢味噌がおいしい。

届いた鯵刺に感嘆の声を上げた。三枚おろしの中骨を竹串で帆掛けにつくり、刺身は鮨に握るくらいの大きさに五、六本の化粧包丁を入れたのを丸くふくらませて六個並べ、生若布《わかめ》と緑の海藻ウゴをあしらって、大海原を行く千石船のごとき雄大な景色だ。透明感のある甘味は鯵っ喰いのおいらを泣かせる。

ここは刺身だけではなく小魚の干物がいい。大好きな〈豆鯵（小田原）〉〈背黒いわし丸干し〉に〈平子（三重）あぶり〉というものがある。

「平子って何ですか？」

「小さいイワシを干したものです」

角皿に、三〜五センチくらいまでの平べったい干した小魚が、幼稚園の子供が集まったようにざっと二十尾、可愛く並ぶ。焦がさぬように、ほどよく両面を焙った香りとしんなりした嚙み心地の風味がいい。

「これは……、うまい！」

叫んだ直後に、隣の常連らしき白髪丸刈りの人が「オレも、もらう」と言っておいらと目が合った。

「いや、あの焙る手間、あれだよ、あの手間賃だ」

言われてのぞくと、フライパンの空炒りと思っていたら、焼き網に並べ、長い箸で一尾ずつ丁寧に様子を見ながら裏返してゆく。

「本当だ、これで三百八十円は申し訳ない、五百円でもいい！」

「そうだよ。でもそう言われて値を上げる人じゃない。よけい意地張るんだ、この大将は」

「それ言っちゃったら、値上げできないじゃん」

客の勝手な放言に大将は苦笑だ。さすがは築地、こんな煮干しのような小魚でも仕事を加え、それを見ている常連がいる。

築地に集まるのは魚だけではない。パンと叩いた木の芽をのせた今年最初の「新筍醬油焼（鹿児島）」は焼き筍のいい匂いに、添えた青唐辛子醬油漬がピリリと口をひきしめる。夏の逸品〈みずなすぬか漬（小田原）〉も、もう来ている。

「芥子は添えましたが、そのままでも結構辛いです」

フロアの彼が言う通り、さわやかな辛みのみずみずしい水茄子を手づかみでかぶりつく嬉しさよ。

カウンターの大瓶に「東北地方太平洋沖地震　築地から支援の手を」と千円札などがいっぱい入る。おいらも一枚だけど赤蓋を開けて入れた。よく「教えたくない名店」と言うがその典型。あえて「とてもわかりにくい場所」と書こう。

東京居酒屋再発見（四）

東京の明るい話題といえば最低の老害都知事選ではなく、あのスカイツリー。すっくと伸びた姿は希望の若い芽だ。そのふもとに好居酒屋も誕生。

「こんちは」

「オ、いらっしゃい」

「ツリー伸びたねえ」が挨拶代わりの居酒屋「酔香《すいこう》」は昨年五月開店。ハンチング帽がトレードマークのマスター菅原さんは長く雑誌編集長を務め、五十歳で転業した。銘酒「長珍《ちょうちん》」の扁額、日本酒「京丸牡丹」ロゴ入りの鏡、「酒は現金」の琺瑯《ほうろう》看板など、蒐集していた日本酒グッズがここで生きた。盃台つきの盃、クルミの台足の漆盆は珍しい。

住み慣れた中野の中央線沿線よりも東京東部に魅力を感じ、この元酒屋が空くと聞いて入った。店だった所にカウンターを入れ、一升瓶がずらりと並ぶ壁五段の棚は酒屋のをそのまま使った。この間の地震で一本も倒れなかったのは、棚の上板と手前下の転倒防止桟のおかげで、さすが本職の酒屋は違うと感謝した。スカイツリーの立つ

ことはまるで意識しなかったが、背が伸びるにつれて人が増え、ラッキーと言う。

　さて、まずは肴三品と酒一本の〈おまかせ酒肴セット・二千円〉が重宝だ。本日は〈厚揚げ煮物・蛸きゅうり酢の物・ホタルイカのオリーブオイル漬・鳥手羽元煮と半熟玉子の黒酢煮・山盛りたっぷりのいぶりがっこ入りポテトサラダ〉と素材・種類・味の変化、ボリュームともに申し分ない。酒は売り上げの一部を義援にまわすという東北酒五種から、茨城の「来福」を燗してもらう。

　正面にはこちこちと振り子時計、カウンターには昔ながらの金魚鉢に金魚ゆらゆら。

「新参者なので、つねに外から見えていれば、いつか入ってくれると思って」と、表通りに面した全部を背の高いガラス戸にした設計は効果があり、「ときどき見てたんだ」という地元客が来てくれるようになった。

　いったん来るとあとは常連。道で会うと「今夜いくよ」と声をかけてくれ、やっぱり下町の人は情があるという言葉がいい。下町に迎えられるには素性をきちんと言うのが大切で、「脱サラで」と正直に言うと「ま、がんばんな」と励まされた。寅さんの世界は生きている。

「いらっしゃいませ」

　白割烹着に花も恥じらう若妻タイプの美人奥さんが現れた。以前は恥ずかしげに隠れていたが、慣れたかな。「私は家庭料理、彼は燻製など男の料理と分担」だそうで、うらやましいですナ。

酔香の常連にスカイツリーの最頂部でクレーン作業をしている人がいる。マスターとは池袋の居酒屋で知り合って以来の飲み友達の土木技術者で、世界一のツリーのトップで働きたいが志願者は多いだろう。そこで、あれだけの高さになれば必要になるはずと気象予報士の資格を取り（この資格自体が大変な難関とか）、それを手土産にみごとクレーンオペレーターに合格した。最高の高さに届いた日は「六三四メートルにしたぞ！」と意気揚々と入ってきた。

高所作業は一度上がると一日そこにいる。そして先日の大震災が起きた。中空のクレーンの大揺れを必死に制御して「降りろ」の指示をつっぱね、現場を離れなかった。ツリーが無事だったのは報道の通りだ。

酔香はその夜も営業しており、すべてを終えて飲みに来た。まだ体が揺れていると、その日は珍しく悪酔いしたそうだが、天晴れな技術者魂！

いい話を聞いた。居酒屋は人の役に立っている。いずれここでマスターと「終わった」と喜びの盃を上げることだろう。

東京居酒屋再発見（五）

世田谷線三軒茶屋は、渋谷から東急田園都市線で西へ二つ目。急行ならば一駅。同じ渋谷の隣でも、気取った代官山とはちがう、飲み屋横丁も多い〝山の手の下町〟的な雑多な雰囲気が魅力だ。

茶沢通りの「うち田」は開店八年になった。居酒屋再発見と言うには老舗だが、小さなこの店の魅力は、何と言っても料理のすばらしさだ。

主人は年に三回休みをとって、県別に日本中をまわり、地元の居酒屋や市場に入り、食材ルートもつくって、全県制覇も近いらしい。

生ビールをきゅーとやって、今日のお通しは〈ししゃもの南蛮漬〉。軽い油とほのかな甘酢、カイワレ大根の軽いピリリはいよいよ夏到来だ。豊富な品書きは刺身、鯨、豚肉なんでもござれに、岩牡蠣がぐっと存在感をはなち、水茄子、島らっきょう、万願寺唐辛子、谷中生姜《やなかしょうが》などがオレたちを忘れるなと主張する。

「まあ、夏はこれだろう」おいらが通ぶって頼んだ〈鯵《あじ》と白瓜《しろうり》の酢のもの〉は大きな

鮑《あわび》の殻の形のガラス鉢に、鳴門《なると》の新若布《しんわかめ》と茗荷《みようが》、スダチが添えられて涼味満点だ。白瓜といえども緑ほのか。薄切り瓜のぱりぱりしゃきしゃき、脂ののった厚い瀬付き鰺《あじ》。夏は酢と薬味野菜が料理の要だ。東北支援の冷や酒「南部美人」がうまい。

時季の〈鱚＝キス刺身〉は茶に金泥を掃いた重厚な角皿に穂紫蘇《ほじそ》、青紅葉、スダチを配してあたかも一服の日本画で、隅に添えた梅肉が画家の落款《らつかん》のようだ。可憐なキスはかえって立派に盛り込んで、空間を多く取るのが涼やかな盛りつけのコツと知る。小さな鮫《さめ》のおろし金に山葵《わさび》もたっぷり。梅肉勝つか、いや山葵か。どっちもいいのう。これにはむしろぬる燗が合った。

小さな仕事場で俎板にかぶさるように全身で料理する主人を、若いきりりとした弟子が黙々と支える。真っ白に糊のきいた調理着は料理人の矜持だ。

「お刺身はマコガレイと赤貝、あと岩牡蠣はグラタン」「天ぷら盛合わせはキスと車海老も入れてくれよ」服装でご近所とわかる夫婦客は注文がもの慣れて、こんな店の常連とはうらやましい。天ぷらか。よく「夏こそ天ぷら」と言うのはあっさりしたものばかりではバテるということだな。

しかし！　客のほとんど全員が注文するのが、小さな貼り紙〈おふくろの味〉だ。主人のお母さんは近所で小さなスタンド居酒屋をやっていて、煮物類を夕方息子さんに届けに来る。今日は〈野菜の煮物、竹の子炒め、きんぴら、マカロニサラダ、小松菜ナムル〉一番下に小さく〈はりはり漬〉もある。

「はりはり漬って、何？」

「沢庵の尻尾とか、切昆布とか…」主人は忙しく適当に言う。

そこから選んだ何の変哲もない〈野菜の煮物〉。

大根・里芋・人参・竹の子・コンニャク・さつまあげを粗切りに煮ただけがどうしてこんなにうまいのか！　くせのない力強さよ、もりもり食べる安心感よ。これぞすべてに勝つおふくろの味。これに涙しない男はいない。

「あんまり誉めると、同じのが続くんですよ」そう言う息子さんに、夫婦客のご主人いわく「逆もある。誉めないと、誉められようと工夫して毎日続く」。コラ、お母さんに言うぞ！　遠慮のない会話は母への感謝だ。ああ、母は偉大なり。さらに「適当」のはずの〈はりはり漬〉は、これさえあればほんとにナンにもいらない。

十二種もの野菜を揚げた〈夏野菜天ぷら〉を堪能して、混んできた店を出た。レジ脇の地図入りの小さなちらし〈母の店「酔鶴」にも行ってください〉を大切に一枚いただいた。

東京居酒屋再発見（六）

噂を聞いていた代々木の「よよぎあん」に初めて行き、主人にいきなり「太田さん、『こなから』にいた関です」と声をかけられ、ああそうだったかと思った。「こなから」は平成八年、大塚に開店してすぐ注目され、その後に新開店する居酒屋のほとんどがそのスタイルを踏襲する模範となった店だ。

階段を降りた地下。やや広めの内装はいささか古びて居抜きのようだ。カウンター、椅子席、小上がりすべて満員で、無理してカウンターに一席詰めてもらう。

まず品書きだ。産地明記の刺身に続き、青森・スルメイカ胆焼／鹿児島・スミイカとわけぎぬた／余市・天然ブリみぞれあえ／北海道・新さんま棒寿司／長崎・カツオくんせいタレ焼／北海道・新しゃも焼き浸し／三鷹・平成りインゲンごまよごし／日高・ゴールデンポーク塩豚煮／同ほほ肉リエット／同ソーセージ、など意欲を感じさせる品が続く。

「酒も旨い、あても旨い」と頭書した、まぐろ酒盗クリームチーズ和え（小田原）／

ごろイカ（能登）／えいひれ（気仙沼）／鯖へしこ（福井）／鮭とば（青森）／くじらのたれ（千倉）、などの珍味もぬかりない。中堅実力派が並ぶ酒も見識を感じる。

およそ五分をかけて品書きの隅々まで精読し、これは優れた店だと確信して二つ折り品書きを置いた。

お通しの〈おから〉は天ぷらの揚げ玉入りでふわりと軽い。〈穴子の一夜干し〉はパリッと乾いた塩焼きにかすかにスモーク香があり、もちもちと穴子の旨さが濃い。〈世田谷・葉大根おかか炒め〉は塩昆布入りで、辛みのある大根葉の爽快味に「おう、これはうまい！」と声を上げる。切り株のところがいい。〈白貝の醤油つけ焼き〉は金沢でよく食べる平たい二枚貝の軽い炙りで文句なしのうまさ。〈茨城・新栗の素揚げ〉は大粒の栗を殻のまま四つ割して揚げ、渋皮をまとった高温油の揚がり風味に秋を実感する。

墨廼江、早瀬浦、竹林など実力銘酒が並ぶ中の青森・関の井酒造は、関さんのお父さんの本家なのだそうだ。上京した父は「代々木庵」を開いて四十年になった。関の井酒造の純米吟醸「寒立馬」はすっきりと柔らかい。

息子の関さんは店を継ぐのが嫌だったが「こなから」と出会って目を見開かされ修業六年。その後全国を食べ歩いて産地ルートをつくり、素材の作り手の顔が見えることをモットーに、満を持して「よよぎあん」と名を改めて店を継いだ。

夜の九時半に満員の熱気がすごい。代々木の場所柄なのか、上着を脱いだ白シャツの男たちと女性など堅実な勤め人風が多く、隣の若いカップルはぐいぐい酒を進め「これは飲める、山田錦でなくてもいいんだ」と品評を重ねる。関さんは、絶え間なく鳴る携帯電話を顎ではさんで料理の手を休めず、奮闘大車輪だ。

「こなからに何年いたんだっけ?」

「六年です」

「いい店つくりましたねえ」

「ありがとうございます」

新開店して五年。酒がよくて、肴がよくて、安い。サラリーマン居酒屋とグルメ居酒屋が合わさったような熱気に「客は正直だ」とつくづく実感する。

「〆にはこの一品」とある、炊込みごはん(具材どんどん変わります)/お茶漬(鮪ブツの出汁かけ)/まさぼんラーメン(魚貝出汁たっぷり)/牛すじカレー、などから選んだ〈パイタンうどん(鶏ガラあっさりの稲庭)〉は、何とも形容できないあっさりこってりとろりに、ピリリと辛みもきいて癖になりそう。

おいらは太鼓判を押してもう一度書く。「客は正直だ」。

新・明治屋

成りゆきを案じていた大阪阿倍野の「明治屋」が、この四月五日に無事、新開店した。

場所は天王寺駅前に新築された「あべのキューズタウン」。広大なフロアの地下から四階までファッションや雑貨の店が並ぶ軍艦のような巨大ビルの一階だ。前の店から二百メートルほど駅に近くなった。

角の丸い広場から斜めに伸びた「ヴィアあべのウォーク」は再開発地にもとからあった薬局や洋食を集めたようで、ここだけがあまりしゃれた雰囲気でなく、阿倍野らしいともいえる。すぐ左の大衆居酒屋「正宗屋」は昼の十二時なのにもう客が多い。奥の左が午後一時開店の「明治屋」だ。

もとのままの丸い玄関灯、「酒」の茶色のれん、ガラスの格子戸を開けてわが目を疑った。カウンターも、椅子も、机も、天井も、天井照明も、神棚も、丸い大時計も、何もかも同じだ。玄関左にあった大鏡、たった二人向かい合わせの小上がり、四斗樽、その台、台につくファンタの栓抜き、寝そべるブロンズの牛を置く台、その袖金具ま

で「寸分たがわず」とはまさにこのこと。

目を見張るおいらに、店を継ぐ娘さん・英子さんがにっこり笑う。去年十月二十八日閉店の少し前に「何もかもできるだけ変えないように」とおいらは懇願した。その時、英子さんも「皆さん、そう言やはります」と言っていたが、工務店がどこまでやるかは正直心配だった。変わったのは店の奥行きに合わせてカウンターを少し切ったことくらいだ。

いつもの席（と書けるのがうれしい）の目の前は湯豆腐の槽。

「新開店やし、今年はもう少し遅くまで出すようにしました」

新開店やしの意味は、人気の湯豆腐は冬のみでこの時季はもう終わりだが、これで明治屋を思い出してほしいと言うことだろう。そうしてあのガラス徳利の燗酒も。

ツィー……

なんどもツィーを書いているが、これほどうれしいツィーは滅多になく、涙ぐんでしまう。涙もツィーだ。

その、明治屋の宝といえる銅の循環式燗つけ器がピカピカで新品と言う。この機会に古いのを修繕しようと、戦前にこれを作った「いな音銅器機」に話したが、蛇口がないと断られた。閉店を惜しむテレビ取材で、英子さんがそれを言うのを見ていたある蛇口職人から、ウチでできるかもしれないと電話があり、「いな音」の亡くなった先代の弟子がそれならやってみると答えて実現した。これぞ職人の心意気！

白壁の柱まわりが薄く黒ずんでいるのまで再現したのを誉めると、なんと壁も持ってきたそうだ。内装の工務店に「前と変えたらあかんで」と言いに行った常連がいた。新しくできた店に来て、思わず泣き出した客が三人いたというエピソードがいい。

「（明治時代からの酒屋の）曾祖父、祖父のころはこの一丁目にあり、二丁目を経て、また戻って来たような気がする。燗つけ器も新しくなったし、よかったと思います」

にっこりする英子さんは、大仕事を終えた安心感からか顔色もよく、少しふっくらしたようだ。

居酒屋に改装や移転は避けられないが、ヘタに良くしようと思って変えて失敗した（客が離れた）例をいくつも知っている。居酒屋は酒や料理だけでは決してない。「居酒屋の聖地」と書いてきた店が、みごとにこれを成しとげた。

店は前にもまして大繁盛だ。移転問題を残して急逝されたお父さん・松本光司さんも安心したことだろう。

「私もそう思います」

英子さんのこの言葉が一番うれしかった。皆さん、まあ、行ってごらんなさい。

神様のカルテ

ベストセラーの原作を漫画化した『神様のカルテ』を読んでいて、主人公の若い医師・栗原先生が時々飲みに行く松本の居酒屋は、「厨《くりや》十《じゅう》兵《べ》衛《え》」ではないかと気がついた。おいらは松本がホームタウン。数年前、まだ『神様』が発表されていないころ一、二度入ったことがある。松本初の全国銘酒をそろえた銘酒居酒屋で、目をつけたのだった。モデルはやはりそこで、映画化されたロケにも使われたと聞き出かけてみた。

厨十兵衛のある旧・緑町は松本の古い繁華街で、戦災に遭っていない懐かしい雰囲気を残す。重い板戸に「十兵衛」の看板は「頼もう！」「どうれ」の武者修業のような雰囲気だ。「らっしゃい」主人が腹の据わった声で迎え、靴を脱いで板張座敷に上がり、長いカウンターの奥に座った。

酒は、夜明け前、信濃鶴、帰山《きざん》、女鳥羽の泉、美寿々など信州地酒を中心に、睡龍《すいりゅう》、九平次、王禄、開運など全国人気銘柄。大那、国権、奈良萬、日高見、会津中将、飛《ひ》

露喜《ろき》、墨乃江など東北酒は特に力を入れたようで好ましい。注目は山形の「瑠璃色の海」でよく手に入ったな。その中に異色は大阪の「呉春《ごしゅん》」だ。大阪らしい柔らかな甘口は今の日本酒主流と違い泰然と古くさい。原作に主人公の栗原先生がこれを飲む描写がある。

料理は刺身のほか、馬刺のガーリックオイル、のど黒塩焼き、合鴨塩焼、生ウニと韓国海苔、豚タンともやし炒めなど、特に信州を意識してはいないようだ。お通しの〈おぼろ豆腐〉はコクがあってつるり。〈魴鮄《ほうぼう》の刺身〉はもっちりとして諏訪の酒〈御湖鶴《みこつる》〉によく合う。

主人はプロレス型の厚い胸板。手伝う黒Tシャツの美人姉さんは愛想よく一人客にはうれしい。店内は語り合うカップルが多く、男はたいてい靴下も脱いで、ひんやりした板張り床を楽しむ。裸足ならば会話も本音が出るだろうな。ここで映画撮影となると、引き尻から見てカメラポジションは二か所しかないなどと考え、聞いてみた。

「撮影はいかがでしたか？」

去年の十月に行われ、ここで待つ先輩医師に栗原先生が遅れてやって来る場面だったとか。

「出演しなかったの？」

「そんなあ」と笑い、カウンターもちゃんと役者さんが入ったと言うが、このお姉さんもいいと思うけどな。

松本出身のおいらは、モデルは相沢病院、大学は信州大学医学部じゃないかと聞くと、あっさり「そうです」。地元はみな知っているようだ。相沢病院は地元密着で信頼が高く、おいらの母もお世話になった。

原作者の夏川草介先生は「厨十兵衛」の常連だそうで、明るく愉快な大阪出身と聞き「呉春」を飲む理由がわかった。今入ってきた白髪の客は漫画の本庄病院の上司・古狐《ふるぎつね》先生に、一緒の人は同僚の太った大狸《おおだぬき》先生にそっくりだ。肝胆相照らす二人は互いに医師として、片方は死を受け入れ、片方は看取ることになり、若い栗原先生に大人の医師としてのあるべき姿を教えることになる。

お勘定を済ませて出る時に、お姉さんに声をかけられた。

「昨晩、お会いしました」

「ん？」昨夜はバー「メインバー　コート」にいたが、姉さんは平日はそちら、週末は十兵衛勤務とか。そうでしたか、どちらもよろしく。

後日試写を観た映画『神様のカルテ』はとても良く、末期ガン患者・安曇《あずみ》さんを演じる加賀まりこがすばらしい。十兵衛の場面は想像通りのアングルで、最後に「厨十兵衛」とクレジットされていた。

横浜「武蔵屋」

七月二十日の「神奈川新聞」よこはま欄に大きな記事が出た。〈木村さん姉妹に感謝状　60年以上老舗酒場切り盛り　ハマの魅力づくり貢献〉。店で林文子市長に手を握られた武蔵屋《むさしや》・木村喜久代さんの喜びの写真がいい。

当日、店で行なわれた表彰伝達式に立ち会う常連客の隅に私もいた。午後、公用車で店を訪れた市長は、あばら家同然の店に少し驚いたようだが、木村さんを前に店内で読み上げた。

〈感謝状　武蔵屋　木村喜久代様　あなたは永年にわたり事業を通じて横浜の魅力づくりに多大な貢献をされ　また横浜の魅力発信に大いに寄与されました　よってここに本状を贈り深く感謝の意を表します　平成二十三年七月六日　横浜市長　林文子〉

受け取った木村さんは涙ぐみ、全員から大きな拍手がおきる。もう一枚〈感謝状　木村富久子様　以下同文〉で妹の富久子さんあても渡された。姉・喜久代さんは八十九歳、妹富久子さんは八十七歳。妹さんはお元気だがリハビリ中で、車椅子でも出席

したいと願っていたが、医師の意見で大事をとった。

伝達は終わったが興味深そうな林市長は帰ろうとせず、木村さんと話す。そのうち「まあ、おかけください」とカウンター席に座り、木村さんが「こんなものですが」と定番の〈おから〉を出し、市長は「ではウーロン茶をください」と注文した。おからを口にした「まあ、おいしい」の言葉にお世辞はないように見えた。

「この店はお酒は三杯までなんですってね」

「はい、父がそう決めました」

女性同士ということもあろうが、市長は木村さんの、恐縮するばかりではなく、物怖じず、話すべきことは的確に話す人柄に次第に人間的共感が湧いてきたようだ。市職員に「公式記録でない、二人だけの写真をぜひ撮って」と頼み、「今度は夜来ます、市の優秀なのを客として送り込みます」と、名残り惜しそうに帰られた。そのあと私が心ばかりの花束を渡すと「この服でよかったですかねえ」と言う。いつものあっぱに櫻正宗の前掛けだ。「これが私の正装と思って」はまことにその通りだ。

武蔵屋は大正八年に木村銀造さんが創業し、戦後野毛に移転。銀造さん没後は木村喜久代・富久子さん姉妹が続けてきた。五人きょうだいの下三人はすでに亡い。出せば儲かるのに「酒はコップ三杯まで」と父が決めたのは「後は家に帰って」ということだった。

戦後のバラックそのままの家は看板も暖簾もないが、金のない若いころに通い、横浜のしかるべき経済人、文化人、学者、行政などの地位を得て再びやって来る。日本郵船幹部の「なごみ会」はここが定席だ。「(地元出身でない)林市長も、これでようやく横浜人だ」と客の一人が言う。

全国の居酒屋でいろいろな表彰額を見たが永年功労か長寿祝いばかりで、〈横浜の魅力づくりに多大な貢献をされ〉と積極的な意義評価をしたものはおそらく初めてだ。居酒屋が町の魅力をつくる存在であると認められたことに、永年居酒屋のことを書いてきたおいらは感慨がある。これは五月に発足した市文化観光局の「表彰第一号」という。横浜市も気の利いたことをするではないか。私は横浜がまた好きになった。

「今日も三杯までかい?」答えのわかっている客の飛び入り質問に、木村さんは「えーと……ビールなら」と答え、客の歓声と拍手がわいた。

夏の八月は休んで九月から再開。週に火水金の三日営業を、横浜国大の学生が伝統で手伝う。横浜の宝「清貧の居酒屋」よ、いつまでも!

盛岡「櫻山横丁」報告

日本一の飲み屋横町と断ずる、盛岡櫻山神社参道飲み屋横丁の再開発計画に反対するむねを書いた。その後の様子を見に盛岡に行った。

結果は白紙撤回！

七月二十二日の地元紙報道は、岩手日報〈桜山問題で盛岡市白紙撤回　住民に説明〉。盛岡タイムス〈桜山将来像を白紙撤回　地元の協議の場設置へ〉。読売新聞地方版〈勘定所復元構想白紙に　市側「まず話し合う」〉。地元紙に〈現状を保持整備するのが、盛岡の観光名所をつくることになる〉と意見発表していたおいらは目を疑った。前年の一方的通達とは全く違う。まさに百八十度の転換だ。

反対運動のまとめ役をした、東大通商業振興会の颯田《さった》さんにお話しを聞きに行った。

昨年十月「盛岡市都市整備部公園みどり課」が発表した「桜山神社参道地区の将来像」は、戦後に市などのあっせんで引揚げ者らに居住を認め、その後盛岡の名物飲食街となっている神社参道を史跡整備の名目で土塁で囲み更地にするというもの。寝耳

に水の発表に驚いた横丁は反対を決議。昭和の香りで市民や観光客に愛されている横丁を守れと署名運動をおこした。おいらが訪ねたのはその頃だった。

颯田さんは今年三月九日、三万三千余の反対署名を市に提出。六月三日、市長からあった回答は、

〈桜山神社参道地区は、盛岡城の大手にあるとともに、大通商店街や肴町商店街の中間にあり、県庁や市役所等の官公庁施設に隣接し、古くからの懐かしさと暖かさをもつ昭和の風情を残す魅力ある商業地区として、中心市街活性化にも大きな役割をもっており、この機能を維持する必要があります。〉（原文のママ）

「地元だけでなく、全国の方々の署名の力（署名は住所入り）が大きい。この横丁を守ってくれという手紙もたくさんいただいた」と言う颯田さんは、十年ほど前ここに不動産屋を開いたとき、よそ者の自分に横丁の人がすぐに声をかけ、一杯飲む仲間に迎えてくれた感激が、守ろうとする原動力だったと述懐した。

古い飲み屋横丁の再開発に反対して署名運動をおこしても、それが実った例はほとんど聞かない。今回の盛岡市の英断はまことに尊敬に値するもので、一盛岡ファンとして心からお礼を申し上げたい。そして「市と同じ協議のテーブルについた」以上、横丁の皆さんのさらなる前向きの団結をねがう。

その夜、横丁なじみの一軒、反対運動の中心場所ともなった居酒屋「陽－SUN－」

で喜びの盃を傾けながら、市が再開発を発表したのが昨年十月。横丁が反対決議の署名簿を渡したのが今年の三月九日。その二日後に東日本大震災発生。そして六月に白紙撤回決定、という日付に注目した。

櫻山横丁は木造二階家の続く飲み屋横丁だが、震災でもどこも皿一枚割れなかったそうだ。しかし古い町を一瞬で消した東日本大震災は、失われてから気づく価値、心を寄せる場所の大切さを、すべての人に、そして市の担当者にも強烈に意識させたのではないか。

天災ならばともかく、それを安易に「再開発」で消してしまっていいのか。このたびの方針転換はその反省もあるのではないだろうか。であれば大震災が、守るべき価値に気づかせてくれたのだ。

震災からの復興は何年かかるか見当もつかないが、この櫻山横丁は震災にも再開発にも耐えた。これぞ昭和遺産だ。皆様ぜひこの横丁を訪ね、元気を出してください。

大阪の新しい居酒屋（一）

大阪出張を利用して新しい居酒屋を訪ねた。

初めて来た地下鉄・千日前線「今里」は下町だそうで、大きな団地もある住宅地だ。繁華街では全くないところの、焼板張りの堅固な店構えの「感と間」は居酒屋には見えないが、中は普通のカウンターだ。

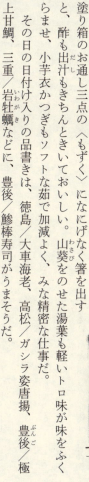

十席ほどに若主人一人。まずは生ビールをきゅー。黒塗り箱のお通し三点の〈もずく〉になにげなく箸を出すと、酢も出汁《だし》もきちんときいておいしい。山葵《わさび》をのせた湯葉も軽いトロ味が味をふくらませ、小芋衣かつぎもソフトな茹で加減よく、みな精密な仕事だ。

その日の日付け入りの品書きは、徳島／大車海老、高松／ガシラ姿唐揚、豊後《ぶんご》／極上甘鯛、三重／岩牡蠣《いわがき》などに、豊後／鰺棒寿司がうまそうだ。

届いた黒瓦皿の〈お造り盛り合わせ〉に目を見張った。主役は角切り大根を台に牡《ぼ》丹《たん》海老のぷりぷりの刺身をのせ、前後に赤い頭と尾を刺した姿造り。ヨコワの鼻に抜ける香り、厚切りの石垣鯛、シマアジのきれいな脂、甘鯛の上品な昆布〆、穴子焼霜造りのボリューム感など皆すばらしい。

オックスフォードの白ボタンダウンシャツが清々しい若主人に、白のテニスポロシャツに黒前掛け、花柄ソックスが可愛い幼な妻のような可憐な奥さんは、きゅっと上がった口元がチャーミング。手に持つ〈秋鹿 純米吟醸倉垣村〉一升瓶が細腕に大きく見える。

北新地の割烹や鰻の老舗で修業を重ねた西野さんは三年前、ここに店を開いた。色んな店にいて料理はなんでもでき、骨付きウインナなどもある無難なメニューで繁盛したが、リーマンショックで客足はさっぱりになった。それなら自分が納得できる料理にしぼろうと、最高の魚を仕入れ、技巧も重ねた品書きにして、キタやミナミの帰りではなく、そこからここをめざして来る店に変えたが、客は今日は一人、翌日もその人がまた一人と激減の日が続いた。

しかし食い倒れの町・大阪は普通のオッサンが舌が肥えていた。それまで来たことのない人が「あそこはいい腕しとる、しかも安い」と増えてきたという。

「今はまだ赤字ですが、楽しく仕事ができるのは嬉しいです」とチラリと奥さんに目をやり、奥さんがこっくりとうなずく顔がいい。取り出す木のネタ箱、見事に立派な包丁群は一流の修業をしてきた証しで、本来自分のやるべき道に立ち返って、心定まった覚悟が見える。

カウンターに並ぶ大皿の氷に浮かせた透明な丸い袋は、鱧《はも》の子をばらして玉子と葛《くず》で火入れしてとじて冷やした〈鱧子の卵とじ〉で、普通はバットに作り四角に切るが、巾着にしたら面白がられたという。丸い玉に山葵をのせた味は、ややざらりとした口触りがねっとりとセクシーで、その官能は夏の夜の年増との一夜を思わせる……ナーンてことは口に出せない（当たり前じゃ）。

刺身の牡丹海老の頭が焼けて届き、添えた荒塩でおいしい。手裂きの〈水茄子〉は生姜をそえて模範的な旨さだ。客から「ここは魚がうまいんや」の声が聞こえる。奥の座敷にも客が入り、忙しくなってきた。

品書きに店名「感《かん》と間《かん》」の説明があった。〈感謝・感動・季節感。空間・時間・仲間。どんなに気取ってもだめ、楽しまないと。ただ楽しく、本当に美味しいものを食べて笑顔をつくる。そんなおいらの料理です〉。おいらも賛成！

「ともちゃん」「はーい」と答える三十四歳と二十八歳、二人の澄んだ目がいい。大阪の料理人はまず在の地で店を持ち、実力を知らしめ、やがてキタやミナミの中心地に進出して行くという。ここもきっとそうなる。この店を見守ろう。

大阪の新しい居酒屋（二）

味と財布にうるさく、一大日本酒産地・灘《なだ》をひかえた大阪で、地酒の旨さを教え、広め、優良な蔵を応援し続けている酒販店「山中酒の店」の山中基康さんこそ真の日本酒伝道師だ。居酒屋でも模範になるべく「佳酒真楽《かしゅしんらく》やまなか」を開き、そこで修業していた藤井さんが独立した案内はがきをいただき、出かけた。

店名は「日本酒餐味《ざんまい》うつつよ」と言う。「うつつ＝現」、「よ＝夜」。「今宵は日本酒三昧」というほどの意味だろうか。

ビルの二階。靴を脱いで板の間に上がる。夏の今は裸足の足裏にひんやりと気持ちがよく「やまなか」と同じだ。開店まだひと月と少しだが、ほぼ満員でカウンター端へ座る。後ろには同業からの開店祝儀一升瓶がずらりと並び、皆に祝われての開店だったとわかる。

新しい店の楽しみは品書きだ。村公一さんのスズキ、北海道ときしらず鮭、大阪河内鴨ロース、伊勢海老岩塩焼き、泉州まながつお味噌漬など「やまなか」流に全国うまいもの路線と見た。蒸しものに力を入れ、伊勢あさりと野菜の酒蒸し、伊勢赤鶏とあさりとトマトの蒸し煮、滋賀小鮎のすき焼というのも面白い。

「熱いです」平皿にお碗を伏せたような焙烙《ほうろく》土鍋の〈泉州小鯛焙烙焼き〉が届いた。蓋を取って盛大に上る湯気の鼻をつく匂いは常緑樹・ヒバ（ヒノキに似た葉で、高級な寿司折などにも敷く）の蒸された匂いだ。すぐに別府鉄輪《べっぷかんなわ》の蒸し湯の匂いを思い出した。それは大岩をくりぬいた穴蔵に、ヨモギに似た薬草を敷き詰めて蒸した上に横たわる極楽境だ。

熱い土鍋に中鯛一尾、周りをミニ玉葱・石川芋・しめじ・枝豆が囲む。水は一滴も使わず、鍋底に敷き詰めた塩はガチガチに固まり、ヒバで香りをつけた塩蒸しであるとわかる。まず鯛を。鯛を塩で固めて蒸した高級料理〈鯛の塩釜〉に通じる「塩だけ」の蒸し鯛はやはりおいしく、野菜もそうだが、時間をかけてゆっくり熱を浸透させた蒸しものは優しい味だ。合わせる酒は愛媛の「石鎚《いしづち》」。およそ五十種がならぶ日本酒は、有名無名を問わず、どちらかといえば無名重視の今最高のベスト五十が並んでいると断言できる。

築六十年の布団屋だった古民家を移築した店内は、三角天井に黒光りする太い梁が走り、明るい白木の床、カウンターと対照的だ。奥は一段下がったテーブル席、急階段を上った天井裏座敷は、大勢で豪快な宴を張るのによさそうだ。

きりりとしたイケメンの藤井さんは寡黙に包丁を握る。

「やまなかで僕に会ったっけ？」

「取材のとき、私が料理をお出ししました」

おっとそうだったか。おいらは山中さんと話に夢中だった。藤井章弘・三十二歳。

オレはこの道で行くと定めた一途な腹が据わっている。手伝うのは長瀬智也に似た野性風味の若いの。そして美女二人（ちから入る）は白足袋、なまめかしい薄着物にたすきがけ。伸びる二の腕がセクシーだ。しかしおいらの目はごまかせない。これはツーピースの半着物。帯をしていないのが証拠だ。

「でしょう」「そうです、ここから脱げます」

あわわ、見せなくていい。

しかしやっぱり若いっていいな。ようし、この店とつきあってゆこう。

出るとき女性の一人に小声をかけた。

「あなたは奥様？」「はい……明日入籍するんです」

少し顔を赤くしてうれしそうだ。もじもじとおいらに聞く。

「どうしてわかりましたか？」「藤井さんの後ろ通るとき、背中さわったでしょう」

「あら！」ますます顔を赤くする。おめでとう、「現夜《うつつよ》」にとても良い光景でした。

大阪の新しい居酒屋（三）

サントリー角ハイボールの新しいイメージキャラクターは菅野美穂さん。おいらの気に入りは大阪の新しい居酒屋「燗《かん》の美穂《みほ》」だ。

開店は昨年八月。店主の中村美穂さんは大阪の名門「山中酒の店」でながく修業し、満を持して独立した。店のある南船場は会社関係の多い所だが、通りに面した玄関に板張り小テラスを作り、初期の脚つきテレビやちゃぶ台などをごちゃごちゃ置いた昭和三十年代お茶の間を再現して意表をつく。

入った中がまたすごい。右は洋館風の板壁、天井には豪華シャンデリア、床板廃材で作った棚とカウンター、ぶら下がる裸電球。ヨーロッパ調の元珈琲店にジャンクな廃材をぶつけた、聖と俗、バロックとアヴァンギャルドの強烈な対比だ。

個性の強いインテリアは、初めは面白くても飽きられがちだがここは違う。むしろ心落ち着く安らぎになってくるのは、近くの会社員たちがたちまち常連になったことでわかる。カウンターは奥でコの字に回りこんでテーブルになり、グループ客とカウ

ンターの一人客が、なんとなく気分がつながるなど、じつは巧みな設計がなされているのがプロには（おいらです、オホン）わかる。

「こんちは」「あらー、太田さん」

おいらは三度目。お通しはいつも浅い朱塗り膳に三品。本日は〈空芯菜と揚げの味噌炊き・ハモ子の玉子とじ・うるめ鰯一夜干し〉。

さて酒だ。山中酒の店の出身だけあって、全国の実力銘酒がキラ星のように並ぶ。

「会津娘、お燗」「はい、無為信でよいですか」

うむ、できる。無為信は会津娘の特別純米新製品で、会津の名居酒屋「籠太《かごた》」で知った。外側は銅、内側は錫の小鍋の湯に、錫ちろりの酒を沈めて温度計を入れ、必ず盃で一杯含んで燗具合を確かめて出す慎重さは「燗の美穂」の名に恥じない。

ツイー……。

「うまいのう」「ありがとうございます」

燗も肴も居心地もすべて満点だが、一番は美穂さんの笑顔だ。これ見たさにファンは多く競争率高し。んが、手伝う細面の女性・真由さんがまたしっとり型美人、月曜日だけは美穂さんのしっかり妹・雅美さんが来るという豪華布陣だ（鼻の下のびる）。

旬の〈和歌山鯖きずし〉がうまい。〈津村さんの鴨ロース〉もとろうかな。〆は〈鮎ごはん（三十分かかります）〉にしよう。

前衛的なインテリアは劇団「維新派」の舞台美術をしていた豊川忠宏さんによると聞き、なるほどと納得した。維新派は劇団員自らの手で野外に劇場を建て、公演が終われば自ら解体して撤収するというスケールの大きな手法で世界的に注目されている劇団だ。美穂さんは豊川さんと前から知り合いだそうで、そういう人と知り合いというのがうれしい。

カウンター正面の「カンのミホ」と切り文字がある廃物ブリキ缶は、ここを施工した職人さんが美穂さんを気に入り作ってくれたという。

「店の大切な守り神です」

その通りだ。素朴な祝意をこめたこういうものこそ宝物、その価値を恩に感じる美穂さん、えらい！

電話が鳴って「はーい、燗美穂でーす」と出ている。略称で呼ばれるようになるのは定着したファンがついた証拠だ。

「美穂さん、ほんと、この店好き」

正直に言うと「ありがとうございます」とまた黄金の笑顔がもどってきた。おいらはここに菅野美穂さんをご案内したい。

大阪の新しい居酒屋（四）

二〇〇八年一月、大阪谷町六丁目に開店した居酒屋「かむなび」は、たちまち旋風を巻き起こし、予約しないと入れない居酒屋になった。主人の伊戸川浩一さんは名門「山中酒の店」に六年、そこの別店「まゆのあな」の初代店長を二年務め、満を持して独立した。

店に個性がある。酒は山中仕込みで日本中の銘酒が揃うのは当然として、店の床下に二百本以上の自家熟成古酒を寝かせている。

料理は旬の魚はもちろんのこと、発酵ものに力を入れているのが興味深い。例えば滋賀の名酒「不老泉」の蔵のお婆ちゃんに教わったという「朽木村直伝鯖なれずし」だ。京都の有名な料亭「なかひがし」で「こういうものを作るのが料理人」と言われてヨーシと挑戦。「まるごと失敗」を何度も重ねて完成した。発酵ごはんに薄くスライスした熟《な》れ鯖の酸味は、気品に満ちた「なれずし」だ。「納豆の塩辛」は納豆・麹・塩・干し大根を醗酵させたもので、納豆の香りを存分に残しながらやはり塩辛。

酒がすすんで困る。

塩・麹・蒸し米を三・五・八の割合にして魚を漬ける青森の三五八《さごはち》漬に凝り、今日はノドグロ、大羽鰯、ビワマスのアラ。大羽鰯の三五八漬焼は鬼おろしの粗い大根おろしがたっぷり盛られ、ワイルドにうまい。

「これはいい」とうなずくのは、鞍掛豆・ひよこ豆・うずら豆・黒千両大豆・青大豆・金時豆・黒豆・大福豆・紫花豆の九種の豆をミニ蒸籠で蒸した〈塩豆〉だ。大小、色も様々な豆を楊枝で挿して食べると、味も食感も違い、豆は体に良いだろうし、いいもの考えたなあと思う。

さらに〈納豆とフォアグラのパテ〉＝変態対決絶佳。〈穴子とオリーブの天ぷら〉＝煮穴子をすりつぶして黒オリーブの種抜きに詰めて揚げた労作にして傑作！　などすばらしく、品書きを端から試してみたくなる。

さらにさらにおいらを嫉妬で悲嘆させたのはガラス徳利のコレクションだ。昔よくあった旅行用などの銘柄プリントの入った王冠蓋のガラス一合瓶だけど、これが今貴重。透明ガラス徳利は残量がわかるので、少なくなると大切に飲む気持ちがわき、さらに清潔感が確実だ。おいらはこの良さに気づいて集め始めたが、ここにはずらり二十種以上はある。グヤジー表情をあざ笑うごとく「今日はこれにしましょう」と出したのは日本最南端の清酒、沖縄の「黎明」のガラス徳利で椰子の木が描かれる。

酒一覧に「今週のイチオシ蔵」とある大阪「天野酒」を錫ちろりでお燗し、温度を確かめ、このガラス徳利に移し、これもたいへん珍しいハンドルつきの銀盃で飲む。

ツイー……

「いかがですか？」

「……たまらんのう」

「あははは」

古材を使ったカウンター上空に、枝木を蜘蛛の巣のように編んだものが下がり、飾りのオブジェと思ったが、その上の照明をまだらの木漏れ陽に変えるためとわかった。明るさ暗さが微妙に交錯する店内は落ち着くが、手拭い鉢巻髭面の主人に「もうヘンタイ料理ばっかり作るんやで」と茶々をとばす、ちゃきちゃき美人奥様・敏江さんとの夫婦漫才コンビで明るい活気に満ちて、居心地は最高。てきぱき働く若手二人もじつに気持ちがよい。

酒も料理もしっかり勉強し、現地に学び、さらにめざすものをもって工夫する独創性。それでいてヘンな料理人風を吹かせずに店を楽しい雰囲気に包む。ここにはおいらが居酒屋に先鋭的に望んでいたものがすべて揃っている。今の日本の居酒屋最前線トップと断言する。

大阪の新しい居酒屋（五）

四年ごとに版を新しくする小著『太田和彦の居酒屋味酒覧』（新潮社）の来春刊行第三版のため、東奔西走の日々だが、ここ数年の日本の居酒屋の最も大きな動きは大阪の充実だ。

「明治屋」「スタンドアサヒ」などの超老舗をのぞいて、大阪の居酒屋レベルは低いと感じていた。「食いだおれ」の大阪は酒よりも肴で、人を誘うにも関東は「一杯飲みに行こう」だが、関西は「なんぞうまいもの食わへんか」。酒もうんちくブランド好きの関東に比べ、関西では「それ、なんぼや」のみ。これは灘という一大通年生産地を控えて、各地地酒が流通してこなかったこともある。「食いだおれ」も、おいらから見れば、「安かろう、その程度だろう」で、大阪の居酒屋はただ騒ぐだけの場所という印象だった。

それがここ数年で劇的に変わったのは酒販店「山中酒の店」の山中基康さんの一大

功績だ。山中さんはおよそ三十五年前に兄の酒販店を継ぐと、関西ではなじみのなかった地酒の普及に力を入れ、各地の小さな実力酒蔵をまわって、その酒を料飲店に紹介した。酒販店の稼ぎ頭であるビールの販売も止めての決意だ。その姿勢はいつしか「良い日本酒は山中」の信用となった。

地酒の理解が深まると飲ませる場所だ。店舗の三階に日本酒と肴の理想の居酒屋「佳酒真楽やまなか」を開店した。おいらはそこに何度も行って山中さん相手に一杯やり、きびきびとよく訓練されたスタッフに目を細め、山中さんを慕って訪ねて来た各地の若い蔵人と交流した。山中さんは地方から訪ねて来た若手を、しばしば上階に泊めてやったという。おいらは前著で「やまなか」を「日本酒の殿堂、居酒屋のＶＩＰルーム」と書いた。

さらに山中さんは船場に支店「まゆのあな」を作り、すべてを若手にまかせた。その成果がこの数年に如実に現れた。修業した弟子たちが続々と自分の店を開き始めたのである。「まゆのあな」初代店長の伊戸川浩一さんは、同じ俎板を並べて修業した敏江さんと結婚して「かむなび」を開いた。続いて同じく店長をつとめた中村美穂さんの「燗の美穂」、藤井章弘さんの「日本酒餐味うつつよ」がここ一年の間に開店した。

共感するのは、店作りに当人の個性を最大限に発揮していることだ。おそらく「決してやまなかチェーン店になるな」という山中さんの教えだと思う。ワンランク上の最前線「かむなび」、アヴァンギャルドな「燗の美穂」、オーソドックス本格派の「うつよ」。日本酒を大切にした品揃え日本一は当然共通していながら、自由奔放な店づくりは、大阪のやってみなはれ精神が存分に出ている。

まさに山中さんこそ大阪居酒屋の中興の祖と言えるが、もうひとつの副効果も生んだ。伊戸川さんは、同じ大阪の居酒屋同業「蔵朱《くらっしゅ》」の大西さん、「よしむら」の吉村さんと三人意気投合し（全員が昭和四五年生まれ）、四年前に「日本酒卍固め《まんじがため》」を結成、日本酒盛り上げの各種イベントを実行している。「卍固め」は一度かけられると外せないプロレスの技だそうで、ケッコウなお名前だ。

昔は居酒屋の親父が横に手をつなぐなどは考えられなかったが、やはり若い人の良さだ。これもまた「自分だけが儲かればいいのではない、同業者の共存共栄が大切」という山中さんの考えの現れだろう。

大阪の新しい居酒屋（六）

大阪北区天神橋。大阪天満宮に通じるアーケード商店街は、のんびりとどこか懐かしく、行灯《あんどん》を模した街路灯がいい。その中ほど、カウンター十席だけの小さな居酒屋「よしむら」は今日も満員だ。「東京から来たんだよー」と哀願して入口すぐに丸椅子を一つ置いてもらった。「詰めてもらってすみません」と声をかけたおいらの隣は若い女性三人、しめしめ（コラ）。すこし飲んできたのでいきなり燗酒注文。さて品書きは。

〈即希〉はすぐ出る品のようだ。山形秘伝豆塩ゆで／山形原木椎茸おろしポン酢／釧路自家製イクラ醤油漬／三種の豆と蛸のごま和え。〈造り〉は気仙沼かつお／明石さわら／紀州うおぜ。「うおぜ」は関東で「えぼ鯛」だ。〈炭火焼〉は長崎特上生穴子白焼／大阪湾特上いわし丸干し／愛媛熟成きじ肉……これいいな。等々あって最後の〈ご飯もの〉は釜飯（じゃこかつお）／大根おろしじゃこ茶漬け／徳島半田素麵（生醬油）。

ようし全貌把握と品書きを置き、届いた燗酒をツイー。

マスターの吉村さんはきちんと整髪して、厚い胸板にオックスフォードの白ボタンダウンシャツが清潔に似合い、一流会社員が夜は趣味で店に立つような雰囲気。居酒屋主人には見えない。というより久住昌之・谷口ジローの名作漫画『孤独のグルメ』のサラリーマン主人公にそっくりのハンサムだ。

ところがところが、同じ白シャツで一緒に立つショートカットの奥様がニコニコと、とおってもチャーミングな美人！　なんと素敵な夫婦だろう。かくして女性はマスターに、男どもは奥様に熱い視線を……

いんや、それゆえに今夜も満席というわけではない。六年前、自分が通いたくなるような店をと開いたと言うだけあって、日本酒の目利き、産地直送志向の肴などがたちまち実力居酒屋派の客をつかんだ。そしてここに飲みに来た「かむなび」の伊戸川さん、「蔵朱」の大西さんと意気投合して「日本酒卍固め」を結成。大阪の居酒屋を卍固めに活性化してやると立ち上がったのだ（パンパカパーン）。

その活性化イベント「日本酒ゴーアラウンド」は「主催者の名前がアレなのか、街頭イベントはなかなか警察が許可くれなかったんですよ」と笑うがなんのその、この十月に第十五ラウンドを終えたばかりだ。内容は大阪を七つのエリアに分け、例えば〈よしむら＋川亀〉〈かむなび＋貴〉〈蔵朱＋辮天娘〉のように、三十四の居酒屋が三十四の酒蔵と組んで展開。その日の大阪はまさに日本酒一色になったのである。キャッチコピーは〈あの伝説のはしご酒イベント 今年でファイナル!〉。「マンネリ化しないうちに、まずは止めてみる。すると次のステップが見えてくる」という言葉が潔い。やっぱり若い人はいいなあ。

届いた〈愛媛熟成きじ肉〉は雉のそぎ切り肉ローストで、獣臭もほのかにあって塩だけで食べるのがおいしく、山形の菊花お浸し〈もってのほか〉が添えられる。奥様は酒担当で、常温利き酒セットも、注文お燗も、必ず平盃で一口試してから出す。

「ボクもその盃がいいな」

「あら、同じのあるわよ」

甘えたおいらに探してくれた。奥様が話すには、桂三枝師匠が念願の常打ち寄席小屋の場所探しに苦労していた時、この天神橋商店街がぜひ提供したいと申し入れて「天満繁盛亭」が生まれた。以来師匠は恩義を感じ、天神橋商店街を大事にしてくれているそうだ。

この大阪人の心意気! 天神橋で誕生した卍固めグループの、次の一手に注目だ。

大阪の新しい居酒屋（七）

大阪のキタでもミナミでもない、中間帯に、注目の新鋭居酒屋、「まゆのあな」「かむなび」「蔵朱」「燗の美穂」「うつよ」が点在している。

「蔵朱」は松屋町筋の巨大な催事場「マイドームおおさか」のすぐ前。夜はあまり人のいない広い道路に面してカレースタンドがあるくらいの場所だが、大きな杉玉を提げ、「うまい酒は二階へ」と意気軒昂だ。

カウンターと一畳の小上がりに小さな座敷だけの簡単な店に、由緒ありげな昔の持ち運び燗酒セットや、骨董品の大小錫ちろり、いろんな酒盃などが飾られて酒への気合が満ちる。では日本酒の品書きを。

・日置桜／燗上がりのダンディー
・辨天娘／魔性の生娘
・竹鶴／お燗とエロスの哲学者
・生もとのどぶ／お熱いのがお好き

・羽前白梅純吟ひやおろし／おしとやかなところが好き
・羽前白梅純吟山廃／ひかえめなところが好き
「ぶははは、魔性の生娘って、知ってるの？」

「…………」

「おしとやかと、ひかえめは同じじゃない？」

「……微妙にちがいます」

いつもこうしてからかう。若い主人・大西正哉さんは太い眉、太い口ひげに目の据わった、ちょっと怖い顔だがイガイと純情で、ツッコミを入れると赤い顔になってうなだれ、ますます突っ込みたくなる。三角頭の横をきれいに剃り上げ、頂上だけ丸く一厘刈りを残した髪形は、里芋きぬかつぎにそっくりだ。そう言うとまたうなだれた。すまぬすまぬ。

しかし酒の燗つけになると厳しく一変、真摯な眼差しにはとても茶々など言えない。おいらの注文は日置桜の、その名も「穿《うがつ》」。

「できました」

「おお、ツイー」

「……いかがでしょうか」

「ウム、燗上がりのダンディー」

「……………」

「いやいや、硬いけどやわらかい」

「そ、そうです」

得たりと目が輝く。

「四十五度？」「いえ五十度」「へー」

これが燗酒の威力だ。大西さんはここを開いて九年。初めは当時ブームの焼酎居酒屋だったが、日本酒はお燗で味が変わる、旨くなることにめざめ、独学で様々な技法を開拓した。適した温度設定はもちろん、うんと熱くして急冷する燗ざまし、熱燗を細い滝のように遠くから注いで冷ます「オカンタージュ」、さらにシェイクまで試したという。

「お燗は瞬間的な熟成です」

それに合わせて肴も様々に工夫。ヨコワとアボガドクリームチーズわさび醤油和え、たらこと白葱グラタン、秋刀魚スモークとブルーチーズ、安納芋《あんのういも》とゴルゴンゾーラの春巻、等々。〈サワラの磯辺和え〉は軽く焙った叩きを海苔と和えて燗酒にぴったりだ。

「燗の美穂」に行ってきたと言うと、美穂さんは開店にあたり店の名前が思いつかず仲間に相談。居酒屋「かむなび」の伊戸川さん案「燗の美穂」と、「蔵朱」の大西さん案「燗々娘」で迷い、前者になったそうだ。

「場所が船場なので、正確には『船場燗々娘』なんです」

おお！　何とすばらしいネーミングだ！　絶賛したが「年取ると使えなくなると却下されました」とうなだれる。残念でした。

「いらっしゃいませ」

にこやかに現れたのは、長い黒髪を竜宮城の乙姫様のように束ねたおっとり美人奥様。おいらはこの方の大ファンだ。では注文。

「辨天娘《べんてんむすめ》と、いわしつみれ小鍋ね」

「はい！」

魔性の生娘ではない、竜宮城乙姫様がお返事をくださいました。

大阪の新しい居酒屋（八）

今、大阪福島がおもしろい。古い大阪の三差路五差路の迷路のような道に、貧乏将棋指し坂田三吉が女房の小春と住んだのはこんな所ではないかと思わせる瓦屋根の露地長屋が残り、その長屋のまま地中海料理、イタリアン、ワインバー、立ち飲みハイボール、タッカンマリ専門などの小さなしゃれた店が入って点々と続く。

そこに至る手前の一軒「びんびとお酒　おがたまの木」こそ、目下大阪最強の、いや日本最強の居酒屋かもしれない。

書き込みの多い「本日のお献立」は、（お魚）フグたたき／活ミシマオコゼ造り…、（くじら）生ミンク造り／おばけ／サエズリ入りハリハリ小鍋…、（鶏肉）マツバ／横隔膜塩焼き…、（馬肉）フタエゴ／コーネ…、（牛肉）ステーキ／トリッパトマト煮…、（野菜）人参しりしり・豚味噌で食べる生野菜いろいろ…、（珍味）イワシのへしこ／ピータン…、（本日おすすめ）赤目芋煮ころがし／蒸し金華豚…、（自家製）ソーセージ／アイスバイン／みそ漬チーズ…。さらに自家製豆腐、当日自家精米ごはんの丼、

（デザート）自家製コーヒーリキュールをかけたアイスクリームまである。今回二度目の入店だが、これだけ個性と魅力ある品が並ぶと選ぶのが大変だ。

〈ウオゼ焼霜つくり〉は軽く焙った皮が魅力。ウオゼは関東のエボ鯛だ。甘鯛もある昆布〆はカマスが意外においしい。

（珍味）にある〈サロ〉は、ラードをニンニクと塩で固めて冬の屋外に置くロシア庶民層のウォッカつまみの日本版として脂と豚バラ肉で作ったいわば〝ロシアの生ハム〟で、ほどよく粗野でいける。

（野菜）の人参しりしりは、人参を「しりしり」して（スライサーにかけて）玉子でとじた沖縄料理。

くせのある品ばかりではなく、ヒラメ、アワビのストレートな刺身も全く文句なしだ。酒がまたすばらしく、静岡酒が多いのが特徴とも言えるが、まあ選ぶのに苦労する。

これだけの酒肴を一人でこなす頭タオルの主人は、小錦のごとき百三十キロの巨漢だ。男四十五歳、月四日の休みはあちこちに食べに行き、率直に教わる。良い板前はすぐ教えてくれるそうだ。それでも島根で教わった絶品珍味・鯖の塩辛は失敗に失敗を重ねてようやくできた。

「ウチは創作料理ではなく、盗作料理」と笑う高知出身。高知の料理もやりたいがニンニクの葉などが手に入らないとか。「(割烹の)フグ、スッポン、ハモ、クジラは値段取りすぎです」はいい言葉だ。

手伝う黒髪のスレンダーな女性(ボクこの人好き)は、前の店に客で来ていたのがいつのまにかこちらに立つようになったそうだ。そのうち新人バイト女性も「うふふ」と遅れて出勤で、主人はもてる!

店名「びんびとお酒　おがたまの木」の「びんび」は高知で魚のこと。つまり「魚とお酒」。「おがたま」は「招霊木＝オガタマノキ」。天岩戸の前でアマノウズメが手に持って裸で踊ったというありがたい木で、榊のように神事に使う。一円玉の裏の木がそれだそうで知らなかった。

料理に対する率直な研究熱心、酒への関心、主人の心意気が巨体に充実し、「卍固めグループ」や「燗の美穂」などの「ボクよりやや若手」の連中と仲間というのがうれしい。

何軒もレポートした大阪の新しい実力居酒屋の特徴はこれだ。互いに互いの店を訪ねて刺激し合い、仲良くなり、結果として全体を盛り上げる。居酒屋フリークとしてこれほどうれしいことはない。

大阪の新居酒屋は日本の居酒屋の台風の目になった。

※福島「おがたまの木」は閉店しました。

がんばれ東北（一）

東日本大震災からすでに四か月。遅々として進まない復興対策、いまだ収束見通しのたたない原発事故など、被災者の方々に申し訳ない気持ちでいっぱいだ。私のまわりにもボランティアで東北に向かった人は大勢いる。一方、政争に明け暮れる政治家や、誠実味のない東電幹部の冷淡さはまことに腹立たしい。

その中で東北の日本酒が復興のひとつのシンボルになりつつある。

膨大な瓶割れ、酒の流出、タンクが傾く、蔵が崩壊するなど東北で被害を受けない酒蔵はなかった。かつて訪ねた気仙沼港すぐ近くの「男山本店」は、日本の酒蔵には珍しい昭和初期の優美な洋風建築で国の有形登録文化財だったが崩壊した。離れた高台の酒蔵タンクは無事だったが電気も水道も途絶して温度管理できず酒造りはあきらめた。しかし二週間後、生き残っている「もろみ」の醗酵音を聞き酒搾りを決意。

「あの大津波に負けず、よく生きていてくれた。このもろみは気仙沼復興を願う自分

たちの希望そのもの」と搾った「蒼天伝《そうてんでん》」はかつてない高品質になった。

二十五歳の最年少杜氏《とうじ》が醸して名酒の誉れ高い「伯楽星《はくらくせい》」の「新澤醸造店」は四万本の瓶はおろか、明治の創業以来の名蔵五棟がすべて傾き、全壊と判定された。しかし四月、この蔵を取り壊す前の最後の酒造り仕込みを再開した。

宮城県村田町「乾坤一《けんこんいち》」の「大沼酒造店」も慶応年間創業の名蔵が崩壊寸前に傾いた。日本酒は「蔵つき酵母」という蔵の建物に棲む酵母が最大の宝で、取り壊しはその伝統の断絶を意味する。醱酵中のタンクに大量のほこりが入り、タンク数本分を廃棄したが、残ったものは品質を落とさず搾りに入った。

東北新幹線の仙台までの開通が成った震災五十日後の四月に塩釜を訪ねた。塩釜の酒蔵「浦霞」「一ノ蔵」「阿部勘」は無事に見えたものの、大津波をかぶった被害は外からはわからない。人影のない塩釜の町に言葉もなかった。

その日、仙台の居酒屋「一心《いっしん》」を見舞いにゆくと「これを飲んでください」と〈絶対負けない石巻〉と肩ラベルされた、石巻「日高見《ひたかみ》」の「震災復興酒　希望の光」を注がれた。一升瓶の裏に次のようなことが書かれていた。

〈震災の大揺れで、醱酵中の醪（もろみ）がタンクから溢れて床は白一色になり白い霧で奥が見えなくなった時、今まで聞いたことのない醪の悲鳴のような音がこだまして恐怖を覚えた。一週間が過ぎても復旧の目処はたたず醪の全廃を覚悟したが、二週間後に電気などが一部復旧して生きている醪を発見、酒に搾る決意をした。その酒は力強い生命力にあふれて私達を深く感動させ、壊滅的な石巻にあって我々の蔵は生かされたのだと実感した。この酒を「震災復興酒・希望の光」と名付け、売り上げの一部を石巻市に献金する。飲んだ人たちの「希望の光」となりますように。〉

そのまことに一途な力強い味はおいらを激しく感動させた。厳しい逆境にあればこそしぶとく、強さを発揮するのが日本酒なのだという発見。それを造った東北人。

さきごろ開かれた全国新酒鑑評会で、最高金賞二百四十四のうち、被災地の岩手、宮城、福島三県は昨年よりも一点多い計四十二の金賞を受賞、東北酒の健在を知らしめたのは何よりうれしい「希望のニュース」だ。

風評被害は野菜、海産物などにとどまらない。日本酒は保存がきいて求めやすい。今こそ酒飲みの義侠心を発揮して東北酒を飲酒を飲むことが東北の応援につながる。

むべし。

がんばれ東北（二）

「ビッグコミックスピリッツ」二〇一二年一月十三・十六日号の「美味しんぼ」は、気仙沼の居酒屋「福よし」の震災後を詳しくレポートして読みごたえがあった。

二〇一一年三月十一日。おいらは東京の仕事場で気仙沼港をおおう大津波のテレビを息もできずに見ていた。巨大な船が波止場を超えて陸に上がるのはまぎれもない「福よし」の場所だ。その後の様子はまるでわからず、ずっと心配だけがつのっていた。

震災二か月後から東北居酒屋見舞いを始めたおいらは九月、一ノ関の「こまつ」に行った。頑丈な蔵作りの店は白壁が落ちた程度で「まあまあでしたね」と話していると、奥の客が「太田さん」と声をかけてきた。

「福よしの村上です」

驚くまいことか、ここでお会いできるとは！　反射的に立ち上がりまず思ったのはご無事だった！　という安堵だ。その日は？（高台の友人宅に逃げ助かった）、弟さんは？（築八年の家は流されたが身は大丈夫）、ご家族親戚は？（何人も死んだ。こ

のあたりで親戚に死者のない人はいないですよ)。店は?(ダメ)。一つ一つに息を飲み、返事ができない。見舞いの言葉が後先になってしまったのが恥ずかしい。店がなくなったのでこの機会によその店を勉強しようと「こまつ」に初めて来たそうだ。隣で奥様もにこにこされている。

ひと息つき、恐る恐る今後をうかがうと、村上さんはかみしめるように、しかしきっぱりと言った。行政の方針を待っていたら何もできない。店は来年再開する。場所は海岸を変えたくない。

震災後にカツオ船の船頭から「店やってっか」といくつも電話が来た。自分は入港してくる船と魚を海岸目の前で迎えたい。海から揚がる魚を、漁師の笑顔を海岸で受け取らずにどうする。私たちはその恵みを受けて生かされてるのだから。海と山しかない地球に住む限り天災は受け入れる覚悟だ。今もこの星自体が活動を続けているのだから世界中どこで何がおきても不思議ではない。

「見てごらん、いいカツオだよ」

こまつのガラスケースのカツオを奥様に指さす目は、はやく自分の手でカツオを取り上げたいと言っているようだ。おいらはその手を握らせていただき再開を祈った。

陸前高田の松原に沿う砂浜は、おいらも所属する三角ベース野球の毎年恒例の試合場だった。終わると地元チーム「陸前高田なむあみ団」のヒゲマスこと熊谷浩昭さんの名物居酒屋「酔い処　俺《おれ》っ家《ち》」の宴会も恒例。しかしここも跡形もなくなった。

三か月後の六月十四日、「俺っ家」は盛岡市本町のややはずれに「陸前高田　俺っ家」として再開した。

「こんばんは」

「おお、太田さん！」

同じ白球を追った仲間だ。何も言わなくても目と目でわかる。

「ご無事で」

ガチャンとぶつけるビールジョッキがすべてを語った。飛騨コンロでじくじく煮焼きする生ゲソとメカブが漁師料理らしくおいしい。

開店祝いには陸前高田で即時に被災者を受け入れ続けた盟友・浄土寺の菅原住職もかけつけ、野球仲間も続々と来てくれているという。高田で始めて二十四年。居抜き店の朱赤の壁に貼った「祈　復興」の手拭いにすべての気持ちがこもっている。

「とにかく前に進むしかない。今はただそれだけ。そしていつか必ず高田へ帰る」

〝巨人国〟と言われる陸前高田でもひときわ巨漢のヒゲマスはひとまわり小さくなったような感じだが、好漢の細い目の闘志は健在だ。

いつかは必ず帰る。東北の居酒屋は復活する。俺もゆく。

がんばれ東北（三）

東北居酒屋お見舞い行脚を続けていた昨年十一月、仙台のビル二階「旬味酒好　かん」に入った。

「太田さん！」

白ワイシャツに胸あてエプロンのマスターは目を大きくし、会いたかったという気持ちが大声に表われる。おいらは店も主人も健在だった安堵感に胸をなでおろす。

三月十一日、カウンターの小さい店で一人で支度していた時、ものすごい揺れで棚から何もかもが崩れ落ち、命の危険を感じてトイレ入口のせまい所にもぐりこんだ。ビールサーバーがカウンターを超えて飛んでゆく。ビール保冷庫が右往左往し、電気も消えて暗闇になった。

マスターの家は沿岸の塩釜だ。店でともに働いている奥様がたまたまその時家に帰っていたので、老いた母を連れ、津波からからくも逃げられた。マスターは家に帰れず連絡もとれず、翌日車をとばして無事を知った。「女房はお手柄です」としみじみと言う。

十七日後の三月二十八日。七時間並んで玉子一パックを買い、店を再開した。「オレは生きている、と発信したかったんです」

その日は客が五人来た。知らぬ客同士が熱心に話す様子に、オレの店が人と人をつなぐ場所になっている、この商売をしていてつくづく良かったと思ったそうだ。

脱サラから十五年あまり。店はすっかり居酒屋らしくなり、スナック風の気楽な居心地に若い日本酒ファンが多い。「今年も芋煮会やる?」「やるやる」若い女性にうながされてマスターはうれしそうだ。「太田さん、ぜひこれ食べてください」という宮城浦戸産生牡蠣焼きをおいしく味わった。

その足で「一心」に行った。震災以降二度目だ。その後一心には、京都の名居酒屋「ごとし」を中心とする〈燗・ing〉グループや、大阪の居酒屋〈卍固め〉チーム、震災後いちはやく東北酒応援キャンペーンをはった銀座「みを木」の若女将も訪れ、それぞれ店の方と交流を深めたという。居酒屋の結束は強い!

石巻の平孝酒造の震災に生き残った酵母を搾った酒「日高見　震災復興酒　希望の光」はすばらしかった。蔵はようやく震災後の初しぼりにこぎつけ、その酒を「感謝の手紙」と名づけると聞いた。

十二月、一心から「日高見　純米初しぼり　感謝の手紙」をいただいた。瓶裏に貼られた「感謝の手紙」は蔵の復旧状況を伝え、売上げの一部を石巻市に献金したことを報告し、次のように記す。

〈弊社に寄せられました皆様からの温かい励ましのお言葉や寄せ書き、更には支援物資や義援金など、皆様から頂いた御好意に感謝するとともに本当に勇気づけられました。今回の震災を経て、改めて日本酒の持つ底力に圧倒された思いが致します。〉

〈私達、日本酒の蔵元は日本各地に多く点在し、其々の町の明かりを灯していると思っております。日本文化の担い手としての自負を胸に、これからも地域の明かりを灯して参りたいと存じます。〉肩ラベルに〈町の明かりは消さない〉とある。

日本酒蔵は江戸期からの地場産業で、専業制の責任感から祭や祝、寄り合いには必ず酒を寄付、農閑期には人を雇い、多額の税を納めるなど、庄屋とは別の位置でつねに地域に尽くしてきた。何代も続く蔵が（災害で）なくなる喪失感は大きく、逆に立ち直る姿は復興の希望になった。東北の酒蔵は今そういう位置にいる。

その初しぼり新酒を口に含むと「涙」の味がした。励ましの言葉に涙した味を皆さん知っていると思う。同じ甘く清らかな味がした。

東北の居酒屋も日本酒も、力強く立ち直っている。

がんばれ東北（四）

震災直後の新聞で、同じ間口の小さな居酒屋がずらりと並ぶ釜石名物「呑兵衛横丁」が跡形もなく流された写真を見て「ここもだめか」と粛然とした。

十二月二十二日の朝日新聞にこんな記事がのった。

〈呑兵衛横丁　再興に乾杯　……苦境を知った渋谷のんべい横丁の組合長村山茂さん（63）が5月、釜石の横丁組合長である「お恵」の菊池悠子さん（72）を電話で励ました。「同じ名前同士。再興を手伝いたい」と7月以降、現地を訪れ、組合で集めた計80万円を贈った。〉

翌二十三日夜のNHK「ニュース9」は呑兵衛横丁復活を伝えた。

画面に映った「お恵」の悠子さんは「私は歳もあるし、もうできないと思っていたが、やれという手紙がこんなに来て」と封書の束を見せ、がれきの中から唯一これはまだ使えると拾った焼酎用のお湯ポットを愛おしそうに布巾で拭く。カウンターが運び込まれ〈味噌おでん　お恵〉の暖簾が上がると、長靴に作業ジャンパーの高齢男性が入ってきて、焼酎にそのポットからお湯を足してもらい一杯飲み、「はあー」とひ

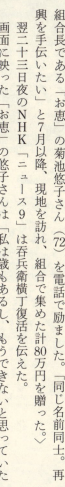

と息つく。やがて悠子さんに「がんばっぺ」とぽつりともらし、おかみは黙ってうなずいた。スタジオの女性キャスターは「人の心をつなぐ呑兵衛横丁」としめくくった。

渋谷のんべい横丁組合長・村山さんの店は焼鳥通に知られる「鳥福」だ。時々顔を出しているおいらは、店を訪ね詳しいことを聞いた。

「同じ名前の横丁が釜石にあるとは知らなかったんですよ」

市に電話して横丁代表者を紹介してもらい、七月に現地を訪ね、率直に聞いた。

「今、何が必要ですか？」

「言えないけど、お金です」

「それならいちばん簡単だ」

帰京した村山さんは、横丁全店に声をかけ義援箱を設置。客の浄財に各店自らも加え、振込先がないので釜石に持参。市の職員に立ち合ってもらい渡した。その後十二月にも二次義援金を届けた。合計百万円は超えているそうだ。

店には〈岩手県釜石市「呑兵衛横丁」さんへの義援金御協力のお願い〉の貼り紙がある。

〈この度の震災と津波で釜石の「呑兵衛横丁」さんが、写真の通り総て流され、喪失してしまいました。横丁誕生から生い立ちまで同じような歴史を歩んでいます。……お客様におかれましては、是非、この趣旨を御理解いただき…… 今後、渋谷と釜石

の横丁の交流を深め、友好関係を築き上げたいと思っております〉

一月二十七日の釜石・呑兵衛横丁全四十七店オープンに、渋谷のんべい横丁の名前で全店にご祝儀の花を贈ることに決め、花の調達も地元の花屋さんをさがした。また本業の仕入れ先に「生卵を最低でも五百個送りたい」と言うと「ようござんす」と力強い返事をもらったそうだ。

大阪・錫半製の錫ちろり燗酒に焼鳥がうまい。〈レバー〉はたれで、〈赤鶏〉は塩で、おろしたて本山葵をぴりりときかせる。冬場の名物「宮城県登米産野鴨」は、残念ながら放射線の可能性が否定できないので今年は見送ったが、来年は必ず店に出すと村山さんは言う。

去年六十周年を迎えた渋谷のんべい横丁は、最古参「鳥福」を筆頭に、経営者が入れ替わらないのが特徴で皆が仲良しというのが嬉しい。今では釜石の人と仲良くなり「渋谷が困った時は助けて」と笑い合う仲になった。電話するたびに声が明るくなっているそうだ。

災害は大きいが、同じのんべい横丁同士の絆が生まれた。おいらが「少ないけど」と義援金を渡すと、村山さんは「お預かりいたします」と両手で押し頂き、大切そうに箱に入れた。

のんべい同士、寸志でいい。皆さんもぜひ浄財を！

がんばれ東北（五）

東京代々木上原の「笹吟」主人の成田さんが、ぜひ飲んでほしいと出したのは福島の「磐城壽」だ。

これを造る「鈴木酒造店」の浪江町の蔵は津波で跡形もなくなり、原発事故後の立入り禁止地区で、今も避難地から帰ることもできない。何もかもなくした鈴木酒造店は廃業を覚悟した。

窮状を知った山形南会津「国権酒造」は、磐城壽の「家つき酵母（長年の酒造りでその蔵に住みついた酵母）」が震災前の福島工業技術センターに残されていると知り、この酵母と、米は浪江で使うのと同じ品種を用意し、山形県長井市「東洋酒造」の空いていた蔵を使わせてもらうことにして、磐城壽の流儀で一本仕込まないかと話をもちかけ、震災後の新酒造りにこぎつけさせた。

「ほら、表示も山形県になってるでしょ」とラベルを見せた。国税庁の生産地表示はとてもやかましく（どこから税金をとるか）、そのためだけにラベルも印刷し直したのだ。しかも製造元住所は他県に移るため酒造免許も取り直す必要があり、その結果福島の震災義援金はもらえなくなった。「でもやはりいつかは福島に帰る、福島の酒として飲んでもらいたい」と社長は言っていると成田さんはつけ加えた。

酒造りにとって翌年売る新酒を搾れるかはまさに生命線。もちろん良く出来ていなければ商品にならない。社業を賭した祈る気持ちであったと思う。

「地縁復興純米酒」と名づけられた瓶裏に詳細な文がある。

〈地震、大津波の被害に加え、原発事故の影響で故郷は全町避難となっています。コミュニティーが崩壊し文化継続の危機に直面し、自分たちの存在意義すら否定される由々しき状況です。津波にて全てを失い思い悩みましたが、震災以降多く頂いた励ましと応援の中でも、とりわけ地元の方々の「もう一度、磐城壽を！」という声が、私どもに強く響き新しい寄り所になっています。酒造りしかできない私どもにとって、磐城壽が再び皆様の一部となり、永い時間をかけた「地縁」を温め直すきっかけを作ることは、どの歓びにも替え難いことです。この思いのもと、地元の方々をはじめ皆様の明日への活力と、幸せを運ぶ酒となることを強く願い「地縁復興純米酒」と致しました。（中略）絆を繋げ、絆を深め、人の温かみを伝える場作りこそが、今後の私どもの酒造りであり、これを実行することで私どもの個々の証しと、地元の犠牲者の生きた証しを立てたいと強く念じております。〉

自分の造る地酒が、離散を余儀なくされている地元をつなぐ絆になりたい、それを地元の犠牲者の生きた証しとしたい。何とすばらしい決意だろう。注がれた一杯の盃をこれほど重く感じたことはなかった。その清らかな旨みのすばらしい出来栄えに感嘆した。そして深い祈りのこもった味も。

大阪の居酒屋「うつつよ」でも店主の藤井さんが「メニューにはのせてないんですが、太田さんぜひ飲んでください」と大切そうに磐城壽を持ってきた。

名酒磐城壽を案じた大阪の酒販店「山中酒の店」の山中さんは「うつつよ」の藤井さんらを誘い、今年一月九日に山形県長井の蔵を訪ねた。その前日には浪江町消防団の出初め式が福島県二本松市で行われ、ふるまわれた磐城壽新酒は「福島の味がする」と喜ばれたという。DNAは生きていたのだ。

山中さんは五月四日、大阪天満宮で行われる、十八の居酒屋と十八の蔵元がタッグを組む「上方日本酒ワールド2012」で磐城壽と組むことにした。

同業を助ける蔵元、その酒を推す酒販店、その酒を客に出す居酒屋、それを飲んで応援する気持ちを固める客。この友情のリンク。酒の縁が復興の縁になってゆく日本酒のすばらしさ。未曾有の災害を超えて日本酒の力を思い知らされる。

がんばれ東北（六）

去る三月三十一日の東京新聞に「東北の蔵元　感謝の花見酒」という記事が載った。岩手県の三つの酒蔵「あさ開《びらき》」「南部美人」「月の輪」が、花見に使ってもらいたいとワンカップ三本入り「ハナサケニッポン花見酒」をサービス価格で発売したという。

昨年の花見シーズンに「東日本大震災は天罰」と言い放った東京都の石原くそたれ知事は花見の自粛を呼びかけ、都の〝花見統制〟を主導した。ばかめ！

震災の影響で出荷量が四割も減っていた岩手県酒造組合は、日本酒拡売の大切な時期に危機を感じ、「南部美人」など三社はユーチューブに「被災地岩手から『お花見』のお願い。自粛をして頂けるよりも、お花見をして頂ける方が」と必死の思いで呼びかけた。アホバカ知事の自己宣伝営業妨害発言にもかかわらず、ネットの再生回数は三日間で二十六万回を超え（四月六日／朝日新聞）、やがて「東北の酒を飲んで応援しよう」という動きにつながった。

それから一年、恨みの「花見酒」を「感謝の酒」として用意したのがこれだ。おいらはすぐ盛岡の福来屋酒店に電話注文。届いたハナサケニッポン花見酒は、酒蔵をイメージした、花見に運びやすい手つきの箱入りで、ワンカップにはそれぞれの蔵元の手紙が書かれていた。

〈電気、燃料、物流　全てストップ　会社もこれまで！　しかし、全国の皆様方から温かいご支援に勇気づけられ事業も再開。少しずつ復興への手助けも。全国の皆様へ心から感謝の意をお伝えします。あさ開　藤尾正彦〉

〈東日本大震災後、東北のお酒の応援をしていただきありがとうございます。当社も蔵の修繕を終え、お陰様で今年の酒造りが出来ております。皆さんから頂いた支援に応えるため、今年もおいしいお酒を造ります。南部美人五代目蔵元　久慈浩介〉

〈昨年の東日本大震災に際し、皆様から頂きました御支援に心より感謝申し上げます。東北全体の「春」へは厳しい道のりです。「ハナ」と「サケ」で心を癒し、復興への活力を東北へ向けて送って頂くことをお願い致します。月の輪酒造杜氏　横沢裕子〉

どれも手書きが想いを伝える。美人杜氏のほまれ高い横沢さんはこういう字を書くんだ。おいらはそのセットを提げて花見に繰り出したのは言うまでもない。

仙台の居酒屋「一心」から届いた「本格焼酎　希望の夜明け　復興元年２０１２浦霞」の裏ラベルにはこうあった。

〈東日本大震災は私たちのふるさとの風景を大きく変えてしまいました。当時、地震と津波で傷ついた弊社仕込蔵の中では数多くの醪《もろみ》が醗酵していましたが、大多数はライフラインが停止した厳しい環境の中で為すすべがありませんでした。「被災した醪たちを何とか活かしたい」関係者の尽力の結果、この醪たちを原料にした焼酎を造ることができました。この本格焼酎は「再生」への希望の結実であり、震災を乗り越え明日に向けて前進する浦霞の証です〉

「がんばれ東北」で、宮城「日高見 希望の光」「同 感謝の手紙」、福島「磐城《いわき》 壽《ことぶき》」地縁復興純米酒」の裏ラベル手紙を紹介した。おいらが示したかったのは、日本酒はメッセージを載せられる酒であることだ。一升瓶の広い裏ラベルは造り手の言葉を詳細に伝えられる。ずばり酒瓶が造り手と飲み手の「絆」になっている。

文章は型通りであっても、いや、こういう時には型通りであることが、かえって想いを伝える。その想いを感じて飲めば自然に感謝の心が生まれる。日本酒はすばらしい。

皆さん、今東北の酒はうまいです。ぜひ飲んでください！

あとがき

月二回発行の漫画誌「ビッグコミック」二〇〇八年四月十日号から始まったコラム「太田和彦のイケイケ居酒屋」は二〇一六年七月二十五日号まで二百回、八年間続いた。

居酒屋にまつわることを書いてゆくものだが、与えられた一回千七百字内外はコラムにしては量が多く、毎回ある程度しっかりした内容がないと書けない。要望のもう一つは、必ず実在の店を紹介してそのデータを欄外にのせること。つまり事実取材。酒好きの酔っ払いエッセイでは通用しない情報性が必要になる。ホイホイと気軽に引き受けた割合には重い仕事になった。

それまでに月刊誌連載や書き下ろしなど文章仕事は慣れていたが「さあ今週も締め切りだ」と週末に緊張感をもってゆく連載を持つのは書く仕事の醍醐味でもある。最初は張り切って、青年誌でもあるし男性サービスを試みたが「家庭に持ち帰る率の高い雑誌なのでお色気はいらない」と言われてしまった。ザンネン。

それは別として、およそ居酒屋に関していれば、季節の楽しみも、酒情報も、勝手ならんちくも、全国の店ルポも、何でも取り上げられるのがコラムのよさで、あの手この手を繰り出した。

連載が終了し『太田和彦の居酒屋歳時記』として本にまとめるにあたり、原稿に書いた数々の店が閉店しているとわかった。そして「なくなった店の記述こそ意味がある」と気づいた。その店を訪ねることはできないが「こういう良さをもった店があった」記録が大切だと。店探訪のガイド本ではないんだと。

また大阪「明治屋」、盛岡「櫻山横丁」の推移をその時々でレポートしておいた意義も知った。さらに東日本大震災にあたり居酒屋はどう動いたかを伝えるのは、居酒屋の連載コラムを持つ者の使命と感じて追いかけた。

八年間も続けた意味が見えてきたのだった。

二〇一六年十月　　　　　太田和彦

［この本に登場したお店］

北海道　旭川／独酌三四郎 7　釧路／万年青 51　札幌／金富士 183
青森　青森／篤 231　樽 232　ふく郎 234　緒方 236
八戸／山き 222　八光 225　サバの駅 226　おかげさん 228　ばんや 230
岩手　盛岡／とらや 182　陽-SUN- 206、267　ハタゴ家 207　MASS 207
櫻山ブドウ園 208　なにわ櫻山店 210　惣門 212　陸前高田俺っ家 299
一ノ関／こまつ 297
秋田　秋田／酒盃 65　北洲 65　能代／千両 66
宮城　仙台／源氏 8、35、54　やくみ家 36　一心 295、301、310　かん 300
気仙沼／福よし 119
福島　会津／麦とろ 51
栃木　宇都宮／庄助 51
千葉　御宿／舟勝 14、28
東京　阿佐ヶ谷／善知鳥 55　可わら 87　燗酒屋 105　志ノ蔵 105　鳥久 106　吟雅 106
麻布十番／ラッキー酒場 9　池袋／摩火鮮菜 33　パブよっと 34
伊豆大島／寿し光 42　ごろう 42　市谷／嘉多蔵 31　越中島／初乃 147
恵比寿／和 18　さいき 25　王子／山田屋 54　大塚／江戸一 54

本書のプロフィール

本書は、「ビッグコミック」誌で二〇〇八年四月十日号から二〇一六年七月二十五日号まで連載されたコラム「太田和彦のイケイケ居酒屋」に加筆修正を行い、上・下巻として文庫化したものです。

小学館文庫

太田《おおた》和彦《かずひこ》の居酒屋歳時記《いざかやさいじき》
〈上〉

著者　太田《おおた》和彦《かずひこ》

二〇一六年十一月十三日　初版第一刷発行

発行人　立川義剛
発行所　株式会社　小学館
〒一〇一－八〇〇一
東京都千代田区一ツ橋二－三－一
電話　編集〇三－三二三〇－五五一五
　　　販売〇三－五二八一－三五五五
印刷所――――凸版印刷株式会社

この文庫の詳しい内容はインターネットで24時間ご覧になれます。
小学館公式ホームページ　http://www.shogakukan.co.jp

ISBN978-4-09-406357-8